Düsseldorf

Meine Lieblingsplätze

◆

Morgens auf dem Rheinturm
Wenn die Sonne noch lange Schatten wirft und die Stadtlandschaft konturiert
S. 38

◆

Mittags auf dem Carlsplatz
Wo man auf dem täglichen Markt speisen kann wie im Dreisternehaus
S. 58

◆

Abends im Medienhafen
Wenn im Abendlicht die Türme tanzen und die schönsten Bauten erstrahlen
S. 30

◆

Nachts im Hofgarten
Wenn die Gartenbänke leuchten und die Liebespaare träumen
S. 10

Liebe Leserin, lieber Leser,

es gibt Städte, die geliebt und bewundert werden. Andere ziehen eher negative Emotionen auf sich. Düsseldorf wird (zumindest außerhalb des Rheinlandes) in dieser Hinsicht einfach ignoriert. Obwohl die Stadt regelmäßig als besonders lebenswert ausgezeichnet wird, vor allem im internationalen Vergleich, waren wir bei der Arbeit an dieser MERIAN-Ausgabe immer wieder erstaunt, wie wenig die Deutschen über diese urbane Perle am Rhein wissen.

Wird Düsseldorf in den USA und Japan mehr geschätzt als in Dresden oder Nürnberg? Wir wollen hier Aufklärung leisten – aus gewonnener Überzeugung. Und es fällt uns leicht, denn es gibt drei Bereiche, über die sich Düsseldorf definiert und auch immer wieder neu darstellt, die diese Stadt besonders attraktiv machen: die Welt der Architektur, die der Kunst und, ja, auch das gehört dazu – die Welt des hochwertigen Konsums.

Wie die Stadt sich mit dem neuen Medienhafen geschmückt hat, das lässt so schnell keinen Vergleich zu, und vor allem: das wird auch mit Leben gefüllt. Wie sich eine einmalige Museumslandschaft mit einer ungeheuer breiten und kreativen Galerien-Szene ergänzt, das ist einzigartig, und vor allem: das entwickelt sich immer weiter. Und wie die originellsten Modelabels mit den arrivierten Designern und den edelsten Markenhäusern wettstreiten, das findet man auch nirgends sonst, und vor allem: das lockt ständig Neues in die Stadt.

Das alles kommt nur zustande, weil es vor dem Hintergrund einer rheinischen Herzlichkeit stattfindet, die man auf einem Altstadtbummel geradezu mit Händen greifen kann. Und vor allem: die verändert sich so schnell nicht.

Herzlich, Ihr

Andreas Hallaschka
MERIAN-Chefredakteur

Für MERIAN unterwegs

Zum Niederknien: Fotografin **Dorothea Schmid** und Heftredakteur **Roland Benn** auf dem Akademierundgang **Seite 40**

Zum Lachen: Fotograf **Gerald Hänel** (links) und **Jaques Tilly**, Schöpfer vieler Karnevalswagen **Seite 94**

Zum Anziehen: Fotograf **Norbert Schmidt** und Autor **Kai Metzger** auf der Igedo, der großen Modemesse **Seite 74**

Düsseldorf

SEITE 94

BAUEN UND FEIERN

Jacques Tilly baut die frechsten Wagen: Kunst für einen Tag im Jahr

SEITE 30

BAUEN UND SCHAUEN

Der neue Medienhafen wirkt wie eine Architekturausstellung, nur lebendiger

MERIAN | Reise-Service ab Seite 105

Das freundliche Gesicht der Landeshauptstadt: die Promenade, die schönste Meile des Rheins

SEITE 52

JAGEN UND SAMMELN

Neues in der Kunststadt: Julia Stoschek und ihre Kollektion von Videokunst

SEITE 58

LACHEN UND TRINKEN

Ein Könner beginnt den Altstadtbummel am Vormittag und hört so schnell nicht auf

SEITE 74

ZEIGEN UND KAUFEN

Wenn Modemesse ist, zeigt sich, wer am besten schaulaufen kann: Models oder Einheimische

Auf und davon

Seit **1927** kann man in Düsseldorf abheben, anfangs ein Abenteuer für wenige, heute reisen pro Jahr mehr als **18 Millionen** Passagiere von hier in alle Welt. Das ist in Deutschland nur dritter Platz, aber einen Rekord gibt es dennoch zu verzeichnen: der **87 Meter** hohe Tower ist der höchste im Lande. An der Stelle der heutigen Wartungshalle stand bis 1964 Maria Hain, das letzte Kartäuserkloster Deutschlands.

1956 stieg man ins Flugzeug wie in einen Bus, die Passagiere auf dem Flugfeld waren für ihre Sicherheit selbst verantwortlich **2009** glänzt die Eingangshalle wie ein Raumschiff, die Sicherheit ist nicht zu übertreffen

Tod eines Narren

Groß ist die Freude, wenn er das Licht der Welt erblickt, aber sein Leben ist kurz: Der Hoppeditz ist ein Karnevalsmaskottchen, das am 11.11. um 11.11 Uhr aus der Mottenkiste hüpft, sofort eine ausgeschlafene Rede auf dem Rathausmarkt hält und die Düsseldorfer – was kaum nötig wäre – für drei Monate bei Laune hält. Dann stirbt er einen plötzlichen Tod und wird am Aschermittwoch unter großem Gejammere im Garten des Düsseldorfer Stadtmuseums zu Grabe getragen.

1951

1974

1987

1996

Das fünfte MERIAN über Düsseldorf. Der 1974 begonnenen Tradition folgend, zeigt der Titel auch diesmal die neueste Architektur

Stadtmeister im Dicke-Klunker-Tragen: „Vergnügungsbeauftragter" Wollersheim

Düsseldorfer, wie man sie mag

53 mal stellte sich Rainer Makatsch für die deutsche Eishockey-Nationalmannschaft ins Tor, zweimal wurde er mit der Düsseldorfer EG deutscher Meister, einmal allerdings auch mit Köln. Viel bekannter ist allerdings seine Tochter Heike.
Bert Wollersheim hat die Grenzen der Stadt bisher nicht überschritten. Er fährt die dicksten Amischlitten und trägt den geschmacklosesten Schmuck, was in Düsseldorf nicht leicht fällt. Und wer kommt noch von hier? Jürgen Habermas, Rosemarie Nitribitt, Marius Müller-Westernhagen und viele andere. Gute Mischung.

Deutscher Meister im Eishockey: Makatsch bei der Düsseldorfer EG

Auf die Höhe kommt es an

Der Rheinturm ist auch eine Uhr, und diese ist ein Kunstwerk. Horst H. Baumann nannte die Anlage „Lichtzeitpegel". Zwei Ringe unterteilen den Turm in drei Bereiche, in jedem zeigt die Zahl der Lichter die der Stunden, darüber der Minuten, darüber der Sekunden. So weiß man schon in Pempelfort, wie spät es am Turm ist. Man kann aber auch auf die Armbanduhr gucken.

WAS HEINE UNS ZU SAGEN HAT

»In der Sprache der Düsseldorfer merkt man schon einen Übergang in das Froschgequäke der holländischen Sümpfe.«

aus: Memoiren. Entstanden 1854/55. Erstdruck: Heinrich Heines Memoiren, hg. v. Eduard Engel, Hamburg (Hoffmann und Campe) 1884.

Die schönsten Seiten von DÜSSELDORF
Wir zeigen sie Ihnen
www.duesseldorf-tourismus.de
DÜSSELDORF
marketing
tourismus

Zwei vom Rhein

Es hat lange gedauert, bis sie sich in ihrer Heimatstadt begegneten: Regisseur Wim Wenders, geborener Düsseldorfer und seit Jahrzehnten fort. Und Campino von den „Toten Hosen“, ebenfalls Düsseldorfer und niemals richtig weg. Sie trafen sich, nachdem Campino vom Punk zum Schauspieler wurde und drehten „Palermo Shooting“ zum großen Teil in Düsseldorf. Wim Wenders erkannte kaum etwas wieder, Campino musste ihm die Stadt neu erklären. Wenders war begeistert, Campino blieb begeistert, der Film flopte.

Der Turm steht

Bei der Lambertus-Kirche war es Schlamperei: Durch zu frisches Holz kam der Turm zu seiner unernsten Figur. St. Sakrament hingegen wurde von den Nazis als Bunker gebaut – auf Kirchengrund und als Kirche getarnt. Seit 1949 ist das Monstrum konsekriert und das sicherste Gotteshaus der Welt.

Scharfe Pampe

Senfpionier Adam Bernhard Bergrath hat 1726 in seiner Manufaktur erstmals diesen ältesten Senf Deutschlands hergestellt. Seither heißt er ABB, die Rezeptur ist nie mehr verändert worden. Im Senfladen in der Bergerstraße kann man die scharfe Paste aus großen Trögen abzapfen und mitnehmen.

Noch mehr Licht: Auf Neonbänken im Hofgarten ist im Dunkeln schlecht munkeln

MEHR LICHT

In Düsseldorf zeigen die Fußgängerampeln Gelb zwischen Grün und Rot. Das soll verhindern, dass die Fußgänger verdutzt stehenbleiben, wenn die Ampel direkt auf Rot springt. Sie sind dann von den anfahrenden Autos nur schwer zu beseitigen. Mit der Gelbphase aber bleiben die Vorsichtigen stehen, die sportlichen sprinten und rennen erstere um. Immer noch besser, als vom Lkw erfasst zu werden.

RHEINISCHE POST
Reiseproviant!
Was unbedingt mit muss: die Rheinische Post.
Kunst
Gastro
Theater
Kino
Hier ist Leben drin.
RP

Die Diva, die

Hochsitz: „Flossis" finden sich an etlichen Gebäuden der Stadt. Seit 2002 haben die Figuren der Künstlerin Rosalie auch das Roggendorfhaus im Medienhafen erobert

eine Muse ist

Die „Diva am Rhein“ ist exaltiert und inspiriert, sie vereint Feiern und Freizeit, Kunst und Kaufen, Show und Schönheit. Düsseldorf, gesehen von Gerald Hänel

Eine Diva schaut und shoppt

Einkaufsparadies: Die Königsallee ist mehr als das. Sie ist auch Laufsteg, Angebermeile, Treffpunkt der Schönen und derer, die noch schöner werden wollen. Und immer gut für Cocktail und Cappuccino

Eine Muse macht den Alltag schöner

Freie Fahrt: 1815 wurden die Zollhäuser des Ratinger Tores errichtet, um die Stadt – wie von jeher üblich – nach Osten abzuriegeln. Heute ist hier alles offen

Grüngürtel: Wer sich auf der Kö sattgekauft hat, braucht sich nur einmal umzudrehen, um sein Auge auszuruhen. Der Kanal trennt die beiden Straßenseiten

Hundeleben: Die Düsseldorfer Ausgehuniform besteht aus Yorkshire-Terrier, Louis-Vuitton-Tasche, Accessoires von Cartier

Affentanz: Einige dieser Kreationen von Jörg Immendorf beleben die Stadt, hier am Graf-Adolf-Platz

Eine Muse verzaubert die ganze Nacht

Gartenfest: Zum „Träumen unterm Sternenhimmel“ finden sich mehr als 10 000 Besucher beim festlichen Konzert im Benrather Schlosspark ein. Mit Wasserspielen und Feuerwerk, bei Kerzenschein, mitgebrachten Gartenmöbeln, Speis und Trank aus dem Picknickkorb

Eine Diva

Kunsthochburg: Das K21 zeigt, was das angebrochene Jahrtausend an aktuellen Kunstwerken bietet. Dabei ist es selbst eines: Das Ständehaus, früher Rheinischer Provinziallandtag, bekam eine Glaskuppel, aus der man in den südlich anmutenden Innenhof schauen kann

Kunst-Figuren: Wenn die japanische Gemeinde zum Japan-Tag ruft, finden sich auch die Fans der Mangas ein, jener Comicfiguren aus Nippon, die vor allem durch Kindfraulichkeit auffallen

probiert ständig etwas Neues

Aufstieg: Die bunte Kaimauer, die das Rheinufer vor dem Schlossturm mit der Altstadt verbindet, ist gut besucht. Jeden Tag, jeden Abend und vor allem auch jede Nacht

Eine Muse ist für alle da

Eine Diva macht sich und andere fein

Der Osten ist rot: Farbenfrohe Kinderkimonos gibt es am Japantag zu sehen. Der Nachwuchs der großen japanischen Gemeinde geht auf den Catwalk

Unterirdische Schau: In einem Raum zwischen den Autotunneln unter der Rheinuferpromenade stellt das KIT (Kunst im Tunnel) aus, hier 2008 unter dem Motto „Spiegelbild“

Irdische Pause: Der Rheinpark im Stadtteil Golzheim gehört den Düsseldorfern. Touristen kommen hier nicht vorbei

Der Banker trägt Blau: Was heute und morgen Mode ist, wird in Düsseldorf entschieden. Vielleicht wieder Nadelstreifen?

Die Muse des leichten Lebens

Ein Stadtspaziergang mit Thomas Mader

Ich hoffe, Sie mussten nicht lange warten! Man hatte mir gesagt, ich solle den Leser dort abholen, wo er steht. Also wahrscheinlich auf der Kö. Aber da waren Sie nirgends, meine Güte, bin ich froh, dass wir uns noch gefunden haben, ist ja auch viel freundlicher hier in der Altstadt. Für mich auch eins, ja danke.

Also, ich kann verstehen, dass Sie es auf der Königsallee nicht lange ausgehalten haben. Zu voll dort am Samstag, und man bekommt ständig Vuitton-Täschchen in den Bauch gerammt oder stolpert über ebenso kleine Hunde, während man sein Piccolöchen Richtung Carlsplatz balanciert. Jetzt grinsen Sie, aber es ist ja nicht alles Klischee, was über Düsseldorf im Umlauf ist!

Immerhin sorgen die stilistischen Trickle-Down-Effekte dafür, dass man auch unter den Normalbürgern wenig unschlüssig Angezogene findet. Und vielleicht finden Sie die Kö viel sympathischer, wenn Sie bedenken, wie sehr ihr wahrer Charakter verkannt wird. Ihre Entschlossenheit zum guten Leben hat ja auch etwas offenherzig Rebellisches: Schon die Diven der Wirtschaftswunderzeit flanierten gegen die Ödnis des Spießbürgertums wie der Noblesse gleichermaßen an – koste der Pelz, was er wolle. Und diese Deutung können wir sogar geschichtlich untermauern – die scheinbar so feudale Königsallee heißt schließlich so, weil hier der preußische König Friedrich Wilhelm IV. im Revolutionsjahr 1848 mit Pferdeäpfeln beworfen wurde. Düsseldorf war eben damals schon Punk!

Übrigens hat genau hier, in den Kneipen der Ratinger Straße, der Punk in den siebziger Jahren seinen notwendigen Urschlamm gefunden – prost! Und zur gleichen Zeit erfanden nebenan ein paar Intellektuelle den Elektropop – was noch immer nachwirkt; wussten Sie eigentlich, dass Coldplays Hit „Talk“ ein Cover von Kraftwerks „Computerliebe“ ist? Wahrscheinlich ist Düsseldorf nur so, über seine Gegensätze, zu verstehen. Und diese Dialektik setzt sich fort in den Querköpfen, die es hervorgebracht hat: Wim Wenders und Westernhagen, Heine und Heino, Habermas und das HB-Männchen – nur hat ihr Wirken herzlich wenig mit der Stadt zu tun. Düsseldorf scheint eine Art kreativer Katalysator zu sein, der Talente fördert, ohne sich selbst zu verändern.

Mit der weltgrößten Modemesse, mit ihren Showrooms und Modeschulen ist Düsseldorf eine Fashionmetropole – doch haben Sie jemals von einem Düsseldorfer Stil gehört? Und ist es nicht bezeichnend, dass die Werbehauptstadt noch keinen Werbespruch für sich selbst gefunden hat? 2006 war mal „Düsseldorf – die Diva“ im Gespräch, doch das wurde rasch verworfen, vermutlich, weil es zu wenig ironisch klang. Selbst ein inoffizielles Diktum ist nicht im Umlauf wie „Das Tor zur Welt“ (Hamburg) oder „Wir sind nur ein Karnevalsverein" (Köln). Na, immerhin sitzen wir an der „längsten Theke der Welt“ – halten Sie sich an ihr fest, denn die These ist wohl ein wenig wackelig. In Anlehnung an Berlin könnte man vielleicht behaupten, Düsseldorf sei „Reich und Sexy“ – tatsächlich haben die Toten Hosen ihre Best-of-Alben so benannt. Aber aus dem Munde der Diva höchstselbst wirkt das schon wieder allzu wahr. Düsseldorf kann eben alles, sogar Hochdeutsch.

Zumindest versucht sie alles. Die Stadt wird manchmal Klein-Paris genannt, vielleicht weil die Franzosen seit Napoleon immer willkommen waren, vielleicht auch weil man hier gleichfalls eine gewisse städtische Leichtigkeit kultiviert. Und dann soll Düsseldorf auch noch Klein-Tokio sein! Wenn sie Sashimi oder Mangas schätzen, müssen Sie nur auf die Immermannstraße gehen, doch außer am Japan-Tag bewegt man sich ohne schlechtes Gewissen in getrennten Infrastrukturen. Aber lassen wir das, diese Klein-Kleins sind ja nur abgeleitete Größen. Die Wahrheit ist: Diese Stadt hat einfach keine zentrale Idee von sich selbst. Wahrscheinlich lässt Düsseldorf deshalb viele Besucher zunächst seltsam unberührt, sie verfangen sich allzu leicht in den Kulissen der Altstadt oder im Medienhafen, diesem rasch wachsenden Kristall, der so kalkuliert weltstädtisch funkelt.

Wer jedoch hier wohnt, der weiß, dass die Stadt mehr Schmuckkästchen als Perle ist. Mehr Mosaik als Bild. Die einzelnen Stadtteile haben für eine so kleine Großstadt ordentlich Charakter entwickelt: Flingern für die Flippigen, Unterbilk für die, die doch nicht nach Berlin gezogen sind. Gerresheim für junge Familien, Pempelfort für die Dinks (Double-Income-No-Kids). Und der Wohlstand umzirkelt die Stadt in Form von kulturell eingemeindeten Satellitendörfern, wozu auch die Stadt-

WELT GRUPPE
WELT am SONNTAG
Kultur
WELT am SONNTAG
3x kostenlos:
Telefon 08 00/926 78 35*
oder www.wams.de/abos
* gebührenfreie Telefonnummer
Bringen Sie mehr Welt in Ihren Sonntag.
Der große Genuss am schönsten Tag der Woche: die redaktionelle Vielfalt der WELT am SONNTAG. Erleben Sie hochkarätige Kunst im umfangreichen Kultur-Teil sowie exklusive Reportagen, brisante Interviews und aktuelle Nachrichten in Deutschlands größter Qualitäts-Sonntagszeitung.
Die Themenvielfalt der WELT am SONNTAG:
Sport | Wirtschaft | Finanzen | Stil | Kultur | Reise | Motor | Immobilien
Lebenshilfe
Nicht ohne meinen Lifestyle-Manager
Nobelmuseum
In Stockholm gibt es Genies zum Anfassen
Winzer-Serie
Tollkühner Champagner von Frau Pommery
Stilfrage
Wie benimmt man sich im Restaurant
WELT am SONNTAG
Deutschlands große Sonntagszeitung · Gegründet 1948
WELT.DE
DIE WELT GEHÖRT DENEN, DIE NEU DENKEN.

teile Oberkassel und Kaiserswerth zählen. Es müsste eher Düsseldörfer heißen, hier regiert der Plural.

Es stimmt, dass die Stadt sich gern abschirmt mit Statussymbolen, sie gibt sehr überzeugend die Unnahbare, aber im richtigen Moment springt sie mit dir auf den Tisch und tanzt. Düsseldorf ist keine Diva, vielmehr eine Muse, der nichts an Bindung liegt. Und der Düsseldorfer? Findet seine Geborgenheit in der Ästhetik. Was zählt, ist der Augenblick und folgerichtig, was das Auge blickt. Claudia Schiffer wurde nicht ohne Grund hier entdeckt – und auch die anderen Supermodels der neunziger Jahre kommen nicht ohne lokalen Bezug aus. Der Starfotograf, der Cindy, Naomi, Linda & Co. ihr Prädikat verlieh, heißt Peter Lindbergh und hat in Düsseldorf sein Handwerk gelernt.

Ja, genau, Sie haben davon gehört: Düsseldorf. Fotostadt. Werden wir aktiv, suchen wir uns eine neue Perspektive. Gehen wir rüber zur Kunstakademie. Gursky, Struth, Ruff, Höfer. Hier kultiviert man den besonderen Blick. Richter, Immendorff, Beuys. Weltdeutungen aus Düsseldorf. Die Akademie hat zwar nach der Wende ihre fast monopolartige Stellung eingebüßt, aber wenn wir einen gerechten Maßstab anlegen – Kunst pro Kopf –, dann bleibt Düsseldorf unangefochtene Kunsthauptstadt. So sehen es auch die Museen: ArtCity Düsseldorf heißt ihr gemeinsames Dach. Für den Alltagsgebrauch übersetzt: Düsseldorf – die Kunst zu leben.

Das trifft endlich mal und könnte direkt von Fürst Jan Wellem stammen, der die Seele der Stadt geprägt hat wie kein anderer; kommen Sie, wir können ihn ja mal besuchen. Er reitet etwas aufgesetzt vor dem Rathaus herum und sieht gar nicht aus wie einer, für den die letzte Medici Anna Maria in die Provinz gezogen ist. Das barocke Celebrity-Paar hat für seine Kunstwerke eine Galerie bauen lassen und feierte hernach, bis die Lampen ausgingen. Die Stadt war nach Jan Wellems Tod 1716 so verschuldet, dass sie nicht einmal mehr die brandneuen Straßenlaternen befeuern konnte.

Auch wenn Düsseldorf schon einige Zeit wieder strahlt, bestand die Situation im Prinzip fort, bis Joachim Erwin kam. Der 2008 verstorbene Oberbürgermeister führte Düsseldorf wie einen Konzern und das wirtschaftlich äußerst erfolgreich. Düsseldorf ist schuldenfrei! Das war zuletzt für das Jahr 1541 belegt, und diese lebenslustige Stadt will es gar nicht recht glauben. Zahlreiche Bürgerinitiativen hadern mit dem großen City-Umbau, der durch das Plus möglich wurde: Verkehrsachsen werden unter die Erde verbannt, neue U-Bahnlinien entstehen, die Kö wird im hohen Bogen an den Hofgarten angeschlossen – und soll damit ironischerweise den Jan-Wellem-Platz verschlingen. Die wirtschaftliche Leistungsfähigkeit drückt sich auch in dem Prestigeprojekt LTU-Arena aus, die der chronisch unglückliche Fußballverein Fortuna 95 kaum zu füllen vermag; man spricht vom „Erwineum".

Es hätte wohl nicht viel gefehlt, dann wäre noch ein Dom gebaut worden, diesmal auf der richtigen Rheinseite, denn der Kölner steht ja auf der falschen, wie man hier sagt. Die habituelle Feindschaft mit Köln ist eigentlich unerklärlich. Immer wieder wird die Schlacht bei Worringen 1288 als Ursprung angeführt, aber das ist Unsinn. Die Düsseldorfer haben damals gemeinsam mit den Kölnern deren Erzbischof vertrieben. Köln wurde frei und Düsseldorf Stadt. Eigentlich gute Voraussetzungen für eine Freundschaft. Nun, Kölner sind eben undankbar. Vielleicht hat man sich also noch gerade rechtzeitig an die Kabarettistin Lore Lorentz erinnert, die schrieb: „Düsseldorf hat eine sichtbare Stärke, kein Dom überragt die Gegenwart. Nicht die Stadt prägt ihre Bewohner, hier prägen die Bewohner die Stadt."

Das trifft hier in besonderem Maße zu: Wenn irgend möglich, will man draußen sitzen oder die Rheinpromenade genießen, die Düsseldorf Köln voraus hat. Wo ein Gespräch im Ruhrgebiet verstockt, aktiviert der Düsseldorfer beiläufig die rheinische Kulturtechnik des Smalltalks. Und so überschaubar, nein, konzentriert ist Düsseldorf, dass man mit dem Fahrrad immer schneller ist. Im besten Sinn: ein Metropölchen. Die Lebensqualität hier ist Weltspitze. Zumindest wenn man die ausländischen Arbeitnehmer befragt, wie es die Unternehmensberatung Mercer regelmäßig tut. Düsseldorf landet bei diesen Studien regelmäßig unter den Top Ten der lebenswertesten (und sichersten) Städte weltweit. In einer Liga mit Genf und Vancouver, weit vor Honolulu.

Aber Düsseldorf ist ja nicht nur praktisch veranlagt, so etwas zu behaupten, wäre ungerecht. Diese Stadt kann auch zaubern. Gehen wir hinters Schauspielhaus in den Hofgarten. Dort gibt es eine Allee mit leuchtenden Bänken. Die Bäume von unten besonnt zu sehen, stellt die Verhältnisse merkwürdig auf den Kopf. Ein Zaubertor auf dem Weg in die touristische Welt der Altstadt. Ich radle oft hindurch, heute sitzen ein paar große Jungs auf den Neonbänken und lassen ferngesteuerte Styroporflugzeuge schweben. Sie glitzern wie die Blätter, als seien sie versilbert. Ein Pärchen auf Fahrrädern kommt den Weg entlang, hält sich dabei an den Händen, vielleicht sind es Kunststudenten. Sie summt eine Melodie, während die Flieger sie einen Augenblick begleiten. Es ist ein unwirkliches Bild, das von Spiel und Leichtigkeit erzählt, von Inspiration und Wärme, darüber hinaus entzieht es sich für mich der Deutung. Aber es sagt sehr viel über Düsseldorf. □

Es müsste eher Düsseldörfer heißen, hier regiert der Plural

Thomas Mader, *geboren 1976, ist Redakteur der* WAZ *und Autor des Lateinamerika-Romans „Kurvenwasser". Mit Düsseldorf verbindet ihn ein Studium, eine Liebe und die gewachsene Erkenntnis, nichts Besseres mehr suchen zu müssen.*

Lichter der Großstadt

ARCHITEKTONISCHE AKZENTE
Von der neuen Fußgängerbrücke geht der Blick auf die Paradestücke des Medienhafens (v.l.n.r.): das Haus vor dem Wind, das Dock, das Port Event Center, die Alte Mälzerei und das Colorium

Eine magische

TEXT: BERTRAM JOB, FOTOS: GERALD HÄNEL

Verwandlung

Einst raues Revier, heute Versuchslabor für Architekten und Düsseldorfs neues Wahrzeichen. Aus dem Handelshafen wurde der Medienhafen. Selten ist ein solcher Kraftakt so spektakulär gelungen

Der Abend kommt

RESTAURANT IM BRÜCKENHAUS
Die Brücke über das alte Hafenbecken ist von einem gläsernen Kubus gekrönt, Restaurant und Logenplatz für Düsseldorfer, die ihre Stadt mit neuen Augen sehen

Die Türme tanzen

NEUER ZOLLHOF
Das 1999 fertig gestellte „Kunst- und Medienzentrum“ von Frank O. Gehry wirkt wie eine riesige Skulptur: bunt und rund, anregend und aufregend, schwungvoll und asymmetrisch

Farbe im Spiel

ALTE MÄLZEREI UND COLORIUM
Die Ziegelsteinfassade des alten Speichers blieb erhalten. Das 62 Meter hohe „Colorium“ bekam vor sein Stahlbetonskelett eine Fassade aus über 2200 bunten Glaspaneelen

Blech im Aufschwung

GEHRYS REFLEXIONEN
Ein Haus schlägt Wellen: Der mittlere der drei asymmetrischen Bauten des US-Stararchitekten ist mit Edelstahlblechelementen verkleidet, die ein Zerrbild der Nachbargebäude bieten

Büros in der Schwebe

PORT EVENT CENTER
Norbert Wanslebens „Wolkenbügel“ genannter Riegel über dem alten Hafengebäude erinnert an den russischen Architekten El Lissitzky, der um 1924 das Gegenstück zum Wolkenkratzer entwarf

Unter der größten Dezimaluhr der Welt recken sich die Hälse der Schaulustigen. Sie prangt am Rheinturm, der ist 234 Meter hoch, wurde entworfen von Harald Deilmann und 1982 fertig gestellt. 62 Lichter leuchten hier, wer sie richtig zu zählen weiß, kann herausfinden, wie spät es ist: Kurz nach halb drei, der Himmel über dem Strom fährt seine unschuldigsten Wolken auf.

Darunter entfaltet sich das ganze Faszinosum einer postmodernen Mikrowelt. Nicht weniger als das ist in den letzten 20 Jahren auf dem Areal des alten Industriehafens aus dem Boden gestampft worden. Und nun ist diese urbane Landschaft aus ambitionierten Stadtplaner-Visionen und architektonischen Entwürfen der amtliche Megastar unter Düsseldorfs Vorzeigevierteln. Aus aller Herren Länder, Vororten und Umland strömen die Neugierigen nach Unterbilk, um zwischen neuen Bürogebäuden und denkmalgeschützten Verladekrähnen zu flanieren.

Gleich hinter dem Turm ragen die dunkel verkleideten Bögen auf, die sich nahe der Rheinkniebrücke wie riesige Baumkuchen-Stücke zum neuen Landtag addieren. Weiter im Südwesten, von der majestätisch aufragenden Doppel-Fassade des Stadttors über das Landesstudio des WDR bis weit ins alte Kaigebiet hinein, haben internationale und ansässige Architekten ihre Federn an kopfsteingepflasterten Straßen gespreizt, fast immer mit Bezug zum Thema Hafen. Das ist nicht in jedem Fall einen Preis, doch zumindest eine Erläuterung wert.

Zum Beispiel das „Grand Bateau" von Claude Vasconi: Ein steinerner Dampfer, der sich mit kühnem Schwung über der Einmündung in den Zollhof erhebt. Oder das „Haus vor dem Wind" von Günter Zamp Kelp: ein mittelgroßer Quader, dessen vorgewölbte Fassade am Handelshafen wie ein Großsegel anmutet. Oder Norbert Wanslebens „Wolkenbügel" am Ende des Hafenbeckens: ein wuchtiger Container-Bau, der – obwohl selbsttragend – einem ehemaligen Maschinenhaus aufzuliegen scheint. Derartig kühne Projekte hätten ohne die Flexibilität der Denkmalschützer und kürzeste Entscheidungswege nie so konsequent umgesetzt werden können, die Landesbauvorschriften wurden hier auf ihre Dehnbarkeit getestet.

Die unbestrittenen Hauptakteure aber sind nach wie vor jene drei windschiefen Gebäudekomplexe, die der amerikanische Architekt Frank O. Gehry an der repräsentativen Stelle des alten Zollhofs errichten ließ: Ein freches Ensemble ohne rechte Winkel, das in den wenigen Jahren seit dem Erstbezug 1999 alle anderen markanten Punkte dieser Stadt an Attraktivität überholt hat. Das Reiterstandbild von Jan Wellem, Schlossturm, Hofgarten, Königsallee: Alle nur noch *also starring* auf den jüngeren Postkarten und Prospekten, die Düsseldorf als innovative Mini-Metropole im Aufbruch propagieren.

Es war auch eine Frage des Marketings, dass der Initiator dieses ehrgeizige Bauvorhaben Ende der Achtziger zu seiner persönlichen Kampagne machte. Der Werber Thomas Rempen dachte damals an einen neuen Sitz für seine aus den Nähten platzende Agentur, wollte aber auch ein spektakuläres Ausrufezeichen für das Erscheinungsbild der etwas selbstzufriedenen Landeshauptstadt stiften. Das fand nicht auf Anhieb die einhellige Zustimmung im Rat, wie mitunter

Wie ein gewölbtes Segel wirkt die Fassade des „Hauses vor dem Wind", der denkmalgeschützte Kran spiegelt sich darin

Mit dem Rheinturm begann 1976 das neue Düsseldorf. Aus dem Stadttor sieht man ihn in der Häuserschlucht aufragen

Auftakt zur neuen City: Das 80 Meter hohe, glasverkleidete Stadttor kaschiert die Rampenbauwerke zum Rheinufertunnel

Blick vom Rheinturm: Von oben wird sichtbar, wie sich bauliche Extravaganzen zu einem Ensemble fügen

gern behauptet wird. Doch passte die Vision gut zu den offiziellen Plänen für eine Umnutzung des stadtnahen Hafengebiets. Wo seit Ende des 19. Jahrhunderts Schiffsgüter gelöscht wurden, herrschte mittlerweile weitgehend tote Hose – von ein paar Lagern und vor sich hin malmenden Getreidemühlen abgesehen.

So durfte Rempen als Treuhänder der Stadt einen Ideen-Wettbewerb initiieren, den zunächst die Londoner Architektin Zaha Hadid gewann – nur wurde man sich nicht über die Durchführung ihres Entwurfes einig. Da zog der gewiefte Werber in letzter Sekunde mit Gehry einen neuen Hasen aus dem Zylinder, damit der Zauber endlich beginnen konnte. Es brauchte diese erste Marke, um den Quantensprung „vom Industriehafen zur Meile der Kreativen", so das offizielle Motto, plastisch werden zu lassen. Von da an sollten weitere Meilensteine das Gebiet schnell in einen Architektur-Park verwandeln – angemessene Kulisse für ein Dorado neuer Medien, IT-Start-ups und Agenturen.

Die Blase des Neuen Marktes platzte wenige Jahre später, doch der Medienhafen wuchs unbeirrt – obwohl es bis heute zu wenig Parkplätze gibt und die Anbindung ans Straßenbahn-Netz erst Anfang 2010 erwartet wird. Über 700 Unternehmen beschäftigten hier Ende 2008 etwa 8200 Mitarbeiter, ein Viertel kam aus dem Sektor Medien, Information, Kommunikation und Werbung. Die „hochwertige Mischklientel" habe sich wechselseitig angezogen und dabei „Cluster" erzeugt, freut sich Hafenkoordinator Hans-Dieter Jansen in bestem Planer-Deutsch, der in seinem dezenten schwarzen Tuch fast wie ein Geistlicher wirkt.

Als von der Kommune eingesetzter Koordinator ist Jansen das Kugelgelenk zwischen den Investoren beziehungsweise Nutzern und der Stadt, die ihnen ziemlich entgegenkommt: Das Dezernat für Planen und Bauen wurde früh an den Ort des Geschehens versetzt, gleich bei dem von Günther Uecker und Thomas Beucker gestalteten „Platz der Medien". Die kurzen Wege haben mit zu der Erfolgsstory beigetragen, von der das Stadtsäckel über diverse Steuereinahmen gleich mehrfach profitiert. Gut drei von vier angesiedelte Unternehmen haben hier ihren repräsentativen Hauptsitz – und nehmen dafür sportliche Büromieten von bis zu 23 Euro pro Quadratmeter ohne Murren in Kauf.

Rund eine Milliarde Euro wurde bisher aus privater Hand investiert, und noch immer stehen hier die Kräne nicht still. An der Holzstraße ist 2006 das weit ausladende Capricornhaus fertiggestellt worden, in dem nun ein Energiekonzern sitzt – Nachbar der gläsernen Likörfabrik von Findeisen & Wächter. Gleich davor wird Anfang 2010 die „Casa stupenda" von Renzo Piano errichtet und bis Ende 2010 das 20-geschossige Bürohochhaus „Sign" der Chicagoer Architekten Murphy/Jahn hochgezogen. Außerdem wurde an der Spitze der Speditionstraße schon der Bau zweier ziemlich plumper Zwillingstürme begonnen; die werden sich 2010 65 Meter hoch über der Landzunge erheben und als Hotel und Bürohochhaus fungieren.

An diesen Anblick wird Helge Achenbach sich erst gewöhnen müssen. Der umtriebige Kunsthändler und Investor hat von seinem Büro im obersten Stockwerk des Gebäudes an der Kaistraße 18 eine grandiose Aussicht auf die Landzunge, wo er bis vor drei Jahren interimistisch das populäre Strandcafé Monkey's Island betreiben durfte. Dann wiesen ihn die Stadtoberen an, das Gelände zu räumen – und zwar lange bevor das für den Bau der Zwillingstürme zwingend nötig war, wie er betont. Den maßgeblichen Herren, die sonst so gern ein lebendiges Quartier anpreisen, war der allabendliche Umtrieb offenbar des Guten zuviel – und das will der Impresario symptomatisch verstehen. „Die Poesie ist hier dem Profit geopfert worden", sagt Achenbach, und verweist auf die immer dichter stehenden Neubauten.

Wieviel Leben darf's denn sein im Schatten der Kolosse, die längst auch Einnahme-Maschine sind? Gregor Bonin, Leiter des Dezernats für Planen und Bauen, möchte hier ausdrücklich „keine Kirmesmeile" zulassen. Andererseits würde ein bisschen mehr natürliches Gewimmel helfen, die immer noch halbsterile Szenerie aufzulockern. Manchmal wirkt das Publikum doch wie bestellt, das sich da nach der Rush-Hour zwischen Multiplex-Kino, Italiener und mongolischem Barbecue tummelt: kleine Rudel von Anzugträgern in den Kulissen multikultureller Erlebnisgastronomie. Man darf straffrei Kölsch trinken und einen Seeteufel mit Blick aufs Wasser sezieren, findet aber nirgends einen Gemüsestand – ganz zu schweigen von einem Supermarkt.

Die Bezirksregierung aber hat die Änderung des Flächennutzungsplans, Voraussetzung für den Bau mehrerer Wohnblöcke im Bereich Kesselstraße, vorläufig gestoppt, obwohl gerade diese Bauten ganz normales Leben ins Areal pumpen könnten. Der Grund: Man fürchtet die Beschwerden der künftigen Anwohner, die sich von den Emissionen der angrenzenden Mühlenbetriebe behelligt fühlen könnten. Dagegen haben die Stadtoberen vor dem Oberlandesgericht Feststellungsklage eingereicht. „Wir werden Wohnen im Hafen kriegen", gibt sich Bonin überzeugt, der nur zu gern „die Monostruktur aufbrechen" möchte.

Wer in Düsseldorf auf Wohnungssuche geht, sollte sich nicht allzusehr darauf verlassen: In spätestens zehn Jahren soll die letzte Stufe der Umgestaltung abgeschlossen sein; bis dahin bleibt das neue Prunkstück Flaniermeile – und eine berühmte Baustelle. □

MERIAN | INFO

Baukunst am Kai

Düsseldorf Office Center (DOCK) und Port Event Center (PEC)
Ein 16-stöckiges Hochhaus und ein querliegender Riegel, „Wolkenbügel" genannt, der über ein altes Hafengebäude geführt wird.
DOCK: Architekt Jo Coenen, (Maastricht/Berlin). Büros, Einzelhandel
PEC: Wansleben Architekten, (Köln). Büros, Halle, Gastronomie, Discothek

Alte Mälzerei
1897 als Gerstenhandlung gebaut. Beim Umbau wurden die Ziegelsteinfassade und viele Innenelemente erhalten. Die bis zu 4,5 m hohen Fenster wurden originalgetreu nachgebildet.
Architekt: Bob Gansfort (Düsseldorf). Büros, Gastronomie

Colorium
Mit 62 m das höchste Gebäude im Hafen. Eine bunte Fassade aus bedruckten Glaspaneelen bedeckt einen großen Teil des Gebäudes, markant ist das oberste, weit vorstehende „Technikgeschoss" in leuchtendem Rot.
Architekt: William Alsop (London).
Nutzung als Bürofläche

Neue Hafenbrücke mit Brückenhaus
Die Fußgängerbrücke ist 150 m lang und 11,60 m breit. Von innen beleuchtete Stufen dienen als Sitzplätze. Das gläserne Brückenhaus steht auf massivem Unterbau neben 35 m langer „Insel".
Architekt: JSK (Düsseldorf)

Stadttor
Eine Glashaut fasst zwei Bauten zusammen, so entsteht eine 50 m hohe gläserne Halle. In Cannes als „bestes Objekt des Jahres 1998" ausgezeichnet.
Architekt: Overdiek, Petzinka und Partner (Düsseldorf). Staatskanzlei, Büros, Gastronomie

Der neue Zollhof
Das asymmetrische „Kunst- und Medienzentrum Rheinhafen" wurde digital entwickelt und unter Düsseldorfer Bauleitung realisiert.
Architekt: Frank O. Gehry Associates (USA).
Büros, Gastronomie

Haus vor dem Wind
Die Glasfassade wirkt, als blähe sie sich unter einer Böe. Sitz des Hafenmeisters.
Architekt: Zamp Kelp (Berlin). Büros

In der Woche vor Karneval öffnet die Akademie ihre Türen für jedermann. Studenten zeigen, was morgen in den besten Galerien stehen soll. Für viele von ihnen ist es der erste Schritt auf den Kunstmarkt

TEXT: ROLAND BENN, FOTOS: DOROTHEA SCHMID

UND DAS SOLL KUNST SEIN!

Fünf Tage im Februar. In den beiden zuvor finden Prüfungen für den Akademiebrief statt

Der Rundgang beginnt um neun Uhr, für viele Studenten bedeutet das: mitten in der Nacht. Aber den Schlaf kann man nachholen

Ralf Hausers kaum gebändigter Gorilla war 2009 eine der meist beachteten Arbeiten der Studenten. Und ein Gruß an Immendorffs Affenskulpturen

KUNST BRAUCHT UNVERSCHÄMTHEIT

Alles ist möglich. Schlichte, dekorative Formen, hier von Tanja Kodlin, sind 2009 allerdings selten

Ganz oben, im dritten Stock, zeigt die Klasse des Rektors ihre Arbeiten. Größtenteils Öl auf Leinwand, auch dies eine Seltenheit

Die Bilder von Pascal Schwendener wollen nicht gefallen, aber sie faszinieren die meisten Besucher

Kreuze, blutroter Saft, Planschbecken, Spielplatz: Ein Schüler von Professor Tal R setzt Assoziationen frei

Kerim Cinars Skulptur aus Schweißstäben zitiert, womöglich ungewollt, die Nagelarbeiten Ueckers

Nackte Haut und dickes Fell: Eine Düsseldorfer Pelzträgerin studiert das Rotlichtmilieu

Am liebsten bin ich unter Bankern", sagt der Künstler, „mit denen kann man wenigstens über Kunst reden." Und ergänzt: „Die Künstler reden ja immer nur über Geld." Ein alter Witz, aber aktuell. Denn über Kunst zu reden ist wichtig. Was Kunst ist und was nicht, muss immer neu ausgelotet werden, und auch der weiteste Kunstbegriff schließt nicht aus, dass irgend etwas womöglich dann doch keine Kunst ist. Und die zweite große Frage ist: Was kostet Kunst?

Beide Fragen stellen sich beim jährlichen Rundgang in der Akademie in Düsseldorf. Dort ist der Kunstbegriff so erweitert, dass einmal im Jahr, für fünf Tage, alle Türen offen stehen. Dann kann jeder von Mittwoch bis Sonntag, und zwar umsonst, anschauen, was an der Kunstakademie so alles verfertigt wird. Demokratisch, aber nicht ganz, denn montags, zwei Tage vor Eröffnung, kommen erst mal die geladenen Gäste, gut 300 Freunde des Hauses: solvente Sammler, Prominenz aus Kirche und Kultur, Politik und Wirtschaft.

Sie sind die Vorhut jener 30 000 Besucher, die sich in fünf Tagen durch die Akademie schieben werden und sie kommen nicht nur zur Eröffnungsfeier, sie kommen auch, weil es hier womöglich etwas zu sehen gibt, was demnächst für viel Geld in den feinsten Galerien hängen könnte. Da muss man schon urteilen können, und das können, siehe oben, besonders Banker. Auch die sind natürlich dabei, und sie dürfen schon mal schauen, und sie dürfen schon mal kaufen, aber das alles geschieht ein bisschen unterm Ladentisch, denn offiziell

KUNST IST, WAS DER KÜNSTLER MACHT

Der Heckflügel eines Airbus. Eine Arbeit von Michail Pirgelis, die darin besteht, den Flügel auszustellen

EIN KUNSTWERK, DAS NICHTS KOSTET

ist der Rundgang weder eine Ausstellung noch gar eine Verkaufsaktion.

Offiziell ist dies die Präsentation derer, die „im Meer des Ideellen, im Tal des Unsinnigen und im Himmel des Genialen zu Hause sind", denn so wünschte sich der scheidende Rektor Markus Lüpertz seine Schüler. Lüpertz hat die Akademie in 21 Jahren geprägt wie kaum ein anderer vor ihm in der langen Geschichte des Hauses. Seit 1773 dient es der Lehre, der Kunst, den Künstlern, denn die sind das Herz des Instituts, einer „Schule der Ausnahmen, der Einmaligen, des ... poetischen, idealistischen Wettstreits", wie Lüpertz es den neuen Studenten in seinem Begrüßungsbrief schreibt, und er warnt sie auch gleich: „Kunst ist nicht lehrbar."

Soweit zum Ideal, das Leben aber lehrt gleichwohl, wie sehr Kunst den Mammon braucht, und deshalb haben auch die Studenten des Rundgangs keine Scheu, außer Visitenkarten auch Preisverhandlungen anzubieten, auch gern mit dem Hinweis, schon am Montag seien Interessenten dagewesen.

Dass Kunst und Kommerz Hand in Hand gehen, hat Sarah Schleich auf den Punkt, beziehungsweise auf 7,2 Quadratmeter gebracht. „La dette" (Schulden) nannte sie ihr Gemälde. Das Bild zeigt etwas wie Börsenkurse und ein Parkett, auf dem leere Hosentaschen zu sehen sind. Das aber ist nur ein Teil des Kunstwerks, der Preis ein anderer. Schleich bietet das Bild für 18306,19 Euro an, das ist der Betrag ihrer Bafög-Schulden. Wenn keiner kauft, muss sie selbst rückzahlen, entsprechend billiger wird das Werk: Es kostet immer so viel, wie die Restschulden ausmachen. Schleich läuft also Gefahr, dass der Preis bei Null steht, aber das ist Teil der künstlerischen Aktion, und dafür, nicht fürs Bild, hat sie den Akademiebrief bekommen. Und schon kommt wieder die Frage ins Spiel, was Kunst ist, denn wenn die Aktion das Kunstwerk ist, kann ein Teil – das Bild – ein eigenes Kunstwerk sein? Zumal wenn es irgendwann nichts kostet?

Die Frage bleibt offen, und da jeder hereindarf, könnten in der Akademie auch jene Ignoranten auftauchen, die sie gar nicht beantworten wollen, weil sie das alles sowieso für Verschwendung von Steuergeldern halten. Aber die sind dann doch nicht auszumachen, diese „Und-das-soll-Kunst-sein?"-Leute. Vielmehr gehen hier die Düsseldorfer umher und zeigen außer ihren metallic-farbenen, wattierten Jacken auch echtes Interesse. Da kann die Nonne im eindeutigen Outfit schon mal neben der Nutte im zweideutigen zu stehen kommen. Man weiß dann nicht, was man glauben soll. Nächste Woche ist Karneval, die Nonne ist wahrscheinlich echt und die Nutte ein Teenager, der auf Nutte macht, und beide schauen einträchtig auf ein Gebilde, das aussieht wie eine Rauchsäule, wie ein bulleriges, graublaues Blubberding, zwei Meter hoch. Kommt man näher und gibt ihm einen Stipps, dann merkt man, es ist aus Stoff.

Die Frage, was Kunst ist, stellt sich hier nicht, aber es zeigt sich bald die Bandbreite des möglichen Zugangs zu ihr. Denn da sagt die Nonne zur Nutte: „Das muss doch von einer Frau sein", vermutlich meint sie das wegen des handwerklichen Umgangs mit Stoff, den nur Frauen beherrschen, und tatsächlich: Das Werk mit dem Titel „Tamm" stammt von Aleksandra Polonskaja. Wenige Minuten später kommt eine geführte Gruppe in den Raum, und der Sachverständige äußert sich ganz praxisorientiert: Man könne dieses graublaue, schwer wirkende Ding auch leicht emporheben (er tut es), transportieren (er tut es) und „durch den Raum rollen" (er verzichtet darauf).

Was Kunst ist und wie sie entsteht, beantwortet jedoch womöglich Michail Pirgelis, dem es gelungen ist, bei den Airbuswerken den zehn Meter langen Heckflügel eines Fliegers zu leihen und ihn in die Akademie zu verfrachten. Da liegt er nun und ist Kunst. Nicht, dass der Künstler das Metallteil bemalt oder sonstwie behandelt hätte, er hat es auch nicht in Zusammenhang mit anderen Dingen gestellt – nein, die Kunst entsteht durch die Tätigkeit des Künstlers, und die erschöpft sich im Transport. Oder anders gesagt: Weil der Flügel in der Akademie liegt, ist er ein Kunstwerk. Die Frage ist nur: Bleibt er es auch, wenn er wieder fort oder gar an einem Airbus montiert ist?

Aber auch wenn das Kunstwerk keines mehr sein sollte, ist der Akademiebrief immer noch gültig. Er ist ein hochwertiger Abschluss, etwa wie ein Diplom, und mit ihm beginnt, ganz

Aleksandra Polonskajas Skulptur erscheint wie ein Lavaausbruch, ist aber, weil aus Stoff, federleicht

ähnlich wie bei Zahnärzten oder Rechtsanwälten, ein Leben als „freischaffender Künstler“ auf dem Kunstmarkt. Dort muss man sich verkaufen, muss investieren, in Räume und Material, in PR-Arbeit und Internetauftritt, muss Kontakte pflegen und Galeristen und Sammler kennen.

So etwas lernt man auf der Akademie höchstens nebenbei, Geschäft steht nicht auf dem Lehrplan. Heiko Räpple hat dennoch gute Chancen. Er entspricht schon mal nicht dem Bild des Lebenskünstlers, er tritt gepflegt auf, als wolle er todsichere Geldanlagen verkaufen. Seine Objekte – Reliefs und Kombinationen aus Beton, eigenartig deformiert, gespalten, gequetscht – sind sehr rhythmisch im Raum arrangiert. Er ist auskunftsfreudig und bei seinen Werken präsent, und doch fürchtet auch er sich ein wenig vor der Selbstständigkeit.

Denn in der Akademie hat der noch nicht Freischaffende alles, was die Kunst bei der Entstehung an Materiellem und Immateriellen braucht: Archiv und Bibliothek einerseits, aber vor allem Gipsformerei, Holzwerkstatt, Kunstgießerei, Metallwerkstatt, Steinbildhauerei, Video- und Filmwerkstatt – mehr als 100 Mitarbeiter stehen den rund 500 Studenten zur Seite, und über 100 hohe, helle Räume stehen ihnen als Ateliers zur Verfügung – und mit dem Akademiebrief ist das alles weg.

Dafür ist die Chance da, eines Tages in einer Reihe mit denen genannt zu werden, die diese Akademie zur Legende gemacht haben. Nicht die Malerschule des 19. Jahrhunderts, sondern Rückriem! Polke! Uecker! Richter! Immendorff! Beuys!!! Die wilden Rebellen, die die Akademie benutzten wie eine Kommune, die Kunst machten ohne Rücksicht auf irgendeine vorgegebene Ordnung, die der zeitgenössischen Kunst ein neues Fundament der Freiheit und der Zukunft gegeben haben – einzigartig weltweit. Weswegen heute Düsseldorf eine „Kunstakademie der fünf Kontinente“ mit Lehrern und Schülern aus aller Welt ist. Die Künstler der Akademie repräsentieren die Szene von New York bis Tokio. Peter Doig etwa, international gefeierter Star, Maler und Schotte mit Wohnsitz in der Karibik, fliegt jeden Monat an den Rhein, um seiner Klasse beizustehen. Er findet, es sei „die wichtigste Kunstakademie der Welt“.

Zwar beklagen sich manche Studenten, dass sie zu wenig betreut würden, aber Lüpertz hat sie gewarnt. Von manchen Professoren sagt man, sie ließen sich kaum in der Akademie blicken, aber bevor nun Erbsenzähler wach werden: Kunst braucht jede Art von Freiheit und auch jede Art von Unverschämtheit. Deswegen leistet es sich ein reiches Land, das Meer des Ideellen, das Tal des Unsinnigen und den Himmel des Genialen zu finanzieren, denn es geht auch um die Freiheit aller.

Und was dabei herauskommt, wird Kunst sein. Aber wie sie erkennnen? In der Ecke eines Raumes steht ein heruntergekommenes Wohnzimmerlabor: ein dreckiger Teppich, ein zerfetztes Tier, beunruhigende Geräte, eine Säureflasche neben einem Glas Rotwein. Ghuls, die an ihresgleichen experimentieren, monströse Untote, die mit geschundenen Tieren eklige Sachen anstellen und sich dabei offenbar mehr als einmal übergeben mussten. David Wagner heißt der Künstler dieser Installation, er sitzt schüchtern auf der Fensterbank, und muss immer die gleiche Frage hören: Was er sich dabei gedacht habe, er beantwortet sie nie, er nennt nur den Namen seiner Installation: „Und lebt und scheißt für immer“. Er findet, sein Werk sei zu eindeutig, dabei schlägt es einen Bogen vom Totentanz des Mittelalters bis zum Horrormovie und ist mit Sicherheit provokativer als etwa der Mensch, der „I love my cunt“ auf die Leinwand geschrieben hat und damit rund anderthalb Generationen zu spät kommt. Darauf reagiert niemand. Wagners Besucher aber ekeln sich, wenden sich ab und schütteln den Kopf, wie sie ihn einst bei Beuys geschüttelt haben, als wollten sie sagen, dies sei nun aber doch keine Kunst.

Auf dem Flur hängt ein wildes Bild von Vittorio Zambardi, das „David und Goliath“ heißt und einen Mann zeigt, der eine abgeschlagenem Kopf herumträgt. Ganz üppig, ganz alter Stil. Davor, auf dem Boden, liegen stabile Stahlplatten, zwischen denen Licht hervordringt. Eine alte Dame fragt den Fachmann, der sie durchs Haus führt, was das solle, und erhält zur Antwort, da könne man ins untere Stockwerk blicken. Und dann – endlich – stellt sie die Frage aller Fragen: „Und das soll Kunst sein?“ Und der Fachmann antwortet: „Nein.“ □

Roland Benn *hat als Redakteur dieses Heft betreut. Er brauchte für den Rundgang volle drei Tage.*

>> Weitere Infos zur Akademie auf S. 110

Froh über den Abschluss und ungewiss über die Zukunft. Nadja Nafe aus der Klasse des scheidenden Rektors Markus Lüpertz geht es wie vielen Studenten

„Und lebt und scheißt für immer“: Die schwer verdauliche Installation von David Wagner erschreckt und provoziert

DIE GANZE WAHRHEIT

Wo stecken die vielen Japaner?

7000 Japaner bilden in Düsseldorf nach London und Paris die drittgrößte japanische Kolonie in Europa, doch fällt das im Alltag nicht weiter auf. Der typische Düsseldorfer Japaner ist ein im Büro arbeitender Manager, der nach wenigen Jahren von seiner Firma in die Heimat zurückbeordert oder in ein anderes Land entsendet wird; seine Kinder gehen auf die japanische Ganztagsschule; seine Frau lernt Schwedisch. Die Betreiber der japanischen Restaurants und Geschäfte – konzentriert auf der Immermannstraße – wirken auf die Düsseldorfer nicht als Dienstleister von nebenan, sondern als Kulturbotschafter von weither.

Wie auch immer – das Verhältnis von Düsseldorfern und Japanern ist blendend, denn es wird gut organisiert, und darin sind ja beide Seiten notorisch stark. Das deutsch-japanische Fußballturnier leistet dazu ebenso seinen Beitrag wie die Deutsch-Japanische Gesellschaft und der deutsch-japanische Kindergarten (neben den drei japanischen Kindergärten).

Der jährliche Japan-Tag mit abschließendem japanischem Feuerwerk ist mit einer Million Besuchern die größte interkulturelle Veranstaltung – die vielleicht typischste Attraktion ist der Japanische Garten im Nordpark: Von einem japanischen Gartenmeister entworfen und von der japanischen Gemeinde der Stadt Düsseldorf geschenkt, wurde er 1975 von Tokios Botschafter Akira Sono eingeweiht und wird seitdem von speziell ausgebildeten Mitarbeitern des Düsseldorfer Gartenamtes gepflegt. Etwa alle fünf Jahre reisen japanische Gärtner an und sehen nach dem Rechten.

Gibt es hier auch einen Zoo?

Der 1876 eröffnete Zoologische Garten ging mit dem Zweiten Weltkrieg verloren. Die von Theodor Löbbecke begründete Muschelschalensammlung war jedoch ausgelagert worden und bekam an ihrem provisorischen Standort ein Aquarium angehängt.

Dann geschah lange nichts. Nach langer Standortsuche und etlichen Bürgerinitiativen enstand 1987 schließlich ein großer Aquariums- und Museumsneubau im Nordpark: „Aquazoo – Löbbecke Museum". Es werden 450 Arten von Tieren gezeigt, nicht nur Fische, sondern unter anderem auch Pinguine und Krokodile, sowie rund eine Million Exponate in den wissenschaftlichen Sammlungen. Mit 500 000 Besuchern jährlich zählt der Aquazoo zu den wichtigsten touristischen Einrichtungen der Stadt. Viel weniger bekannt ist ein im Grafenberger Wald gelegener Wildpark. Der Eintritt ist frei; die zutraulichen Rehe und Wildschweine erwarten aber, dass man ein paar Möhren dabeihat.

Sieben Antworten auf Düsseldorfs große Fragen

Braucht Deutschland das Kom(m)ödchen?

Solange sich Altmeister Richling und Uraltmeister Hildebrandt nicht einigen können, wie stark die Grenze zwischen Kabarett und Comedy befestigt sein soll, lohnt der Blick nach Düsseldorf. Zwischen Kommode und Commedia ist dort seit 1947 alles möglich. Das kann man im Jubiläumsband nachlesen, einem „Geschichtsbuch", das auf jeder Seite den Wunsch hinterlässt, man möge dabeigewesen sein. Großen Mut brachten Kay und Lore Lorentz auf, als sie in einem ausgebombten Haus politisches Kabarett zeigten, in einer Zeit, in der Politik sich selbst erledigt hatte. In ihrer Tradition hält Sohn Kay in Deutschlands ältestem Kabarett die Stellung, und es ist gut möglich, dass er demnächst verstärkt gebraucht wird.

Ist Düsseldorf eine Sportstadt?

Beim Kampf um die Ausrichtung der Olympischen Spiele 2012 musste Düsseldorf Leipzig das Recht überlassen, im internationalen Wettbewerb zu scheitern. Ebenfalls nicht zum Zuge kam man als Spielort der Fußball-WM 2006. Sich zweimal unter der selbst gesetzten Latte in den Sand gesetzt zu haben, fördert nicht gerade das Image als Sportstadt. Und das obwohl seit 30 Jahren zur im Rochusclub ausgetragenen Tennis-Mannschafts-Weltmeisterschaft die Stars anreisen wie zu einem Familienfest. Und mehr: Der seit 2002 ausgetragene Skilanglauf am kunstverschneitem Rheinufer ist enorm gut besucht. Die Fortuna spielt guten Drittligafußball mit Ambitionen nach oben. Die Handballer der HSG kehren soeben in die Bundesliga zurück. In Deutschland die Nummer eins und in Europa eine Macht sind die Tischtennisspieler der Borussia. Die DEG Metro Stars gehören zu den Besten der Eishockeyliga,. „Gut aufgestellt" sind in Düsseldorf zahlreiche unpopuläre Sportarten, die ein überraschend großes und fachkundiges Lifepublikum finden: Feldhockey, etwa American Football, Tanzsport oder Lacrosse. 100 000 Düsseldorfer sind in 369 Vereinen organisiert, darunter im Boule-Club „sur place".

Sind die Kunstprofessoren faul?

Luise Kimme beantwortet die Frage. Sie war von 1977 bis 2003 Professorin für den Orientierungsbereich an der Kunstakademie: „Wir hatten jedes Jahr 80 bis 120 Studenten, die im Juli ihre Prüfung für die endgültige Aufnahme in die Akademie machen mussten. Daher wurde sehr viel gearbeitet und ebensoviel unterrichtet. Es war intensiv, spannend und immer wieder überraschend, wie talentiert einige Studenten waren. Wir waren frei und hatten viel zu tun. Die Abende und Wochenenden blieben für die eigene Arbeit. Merkwürdigerweise waren die großen Talente unter den Studenten nicht die, die später so berühmt geworden sind. Und die Studenten, die immer diskutieren wollten, sind gar keine bildenden Künstler geworden. Es war ein reiche Zeit, ich habe unter den Studenten und Lehrbeauftragten lebenslange Freunde."

Sind Köln und Düsseldorf verfeindet?

Ein Freund aus Hamburg besuchte die Düsseldorfer Bootsmesse, spazierte luftschnappend am Rhein entlang und erkundigte sich bei einem Passanten, ob der Fluss immer so viel Treibgut mit sich führe. Antwort: „Der janze Dreck kommt us Köln." Der Hamburger war glücklich. Er hatte mit einem Eingeborenen gesprochen und konnte, heimgekehrt, mit einer echt rheinischen Anekdote aufwarten. Ob das, was sie besagt, tatsächlich wahr ist, spielt keine Rolle. Manchmal werden Rivalitäten nur gepflegt, um Erwartungen zu erfüllen. Die Konkurrenz von Nachbarstädten ist nun freilich nichts Spezielles, und sie ist von Ort zu Ort graduell. Alle Duisburger zum Beispiel wollen laut Umfragen viel lieber in Düsseldorf wohnen – während die Düsseldorfer kaum wissen, was Duisburg ist. Die Köln-Düsseldorfer Feindschaft aber wird ausgespielt. Sie ist so echt wie Störtebeker auf norddeutschen Freilichtbühnen.

Kreuzweise von der „verbotenen Stadt" zu sprechen und ihr nachzusagen, sie liege auf dem falschen Rheinufer, der „schäl Sick", gehört zum eingeschliffenen Umgangston, so wie Münchner Atheisten „Grüß Gott" sagen. Eine anti-kölner respektive anti-düsseldorfer Spitze würzt noch die Rede des müdesten Ratsherrn und die Glosse des ausgebranntesten Lokalredakteurs. Dabei sind die Witze größtenteils so alt wie die Gebeine des Neandertalers, bei dem es sich, so sagt man hier, um einen in Düsseldorfer Kriegsgefangenschaft verstorbenen Kölner handelte.

Ist Düsseldorf eine Mördergrube?

Offenbar. In Deutschland hat zwar bald jede Kleinstadt ihren eigenen Krimischreiber, doch in Düsseldorf wuchert die literarische Verbrechensverherrlichung völlig unkontrolliert vor sich hin. Ein volles Dutzend Krimischreiber hat sich hier angesiedelt und schreibt teils Romane, die in der Ferne spielen (Sandra Dünschede: „Nordmord"), aber vor allem solche, die hier am Rhein spielen (Edgar Noske: „Tote Rosen – Düsseldorf-Krimi"). Das führt dazu, dass die Mordkommission nicht weniger als drei Leiter der Mordkommission hat: Kommissar Benedict in Peter Schrenks „Fetter Sand"; Kommissar Lavalle in Stefanie Kochs „Die Karte des Todes"; Kommissar Bender in H.C. Boginskis „Herzfrost".

Höhepunkt der Mordsschreiberei: Der Roman „Stückwerk", verfasst von den „Krimi-Cops", einem Autorenkollektiv aus sechs echten Kriminalbeamten, unter ihnen Klaus Stickelbroeck, der schon 2007 mit seinem Debüt „Fieses Foul" reüssierte. □

Würden Sie dieser Frau ein Bild verkaufen?

Ein Bild sollten Sie Julia Stoschek nicht anbieten. Nicht, weil sie ein Fuchs sein und die Krallen zeigen kann, sondern weil sie keine Bilder sammelt

Mein Haus, mein Geld, meine Videos

Ihr Vorteil: Sie ist reich. Aber sie ist auch jung und schön. Schlechte Voraussetzungen, um in der Sammlerszene ernst genommen zu werden. Julia Stoschek hat es mit ihrer Kollektion von *time based media art* dennoch geschafft

TEXT: BERTRAM JOB, FOTOS: DOROTHEA SCHMID

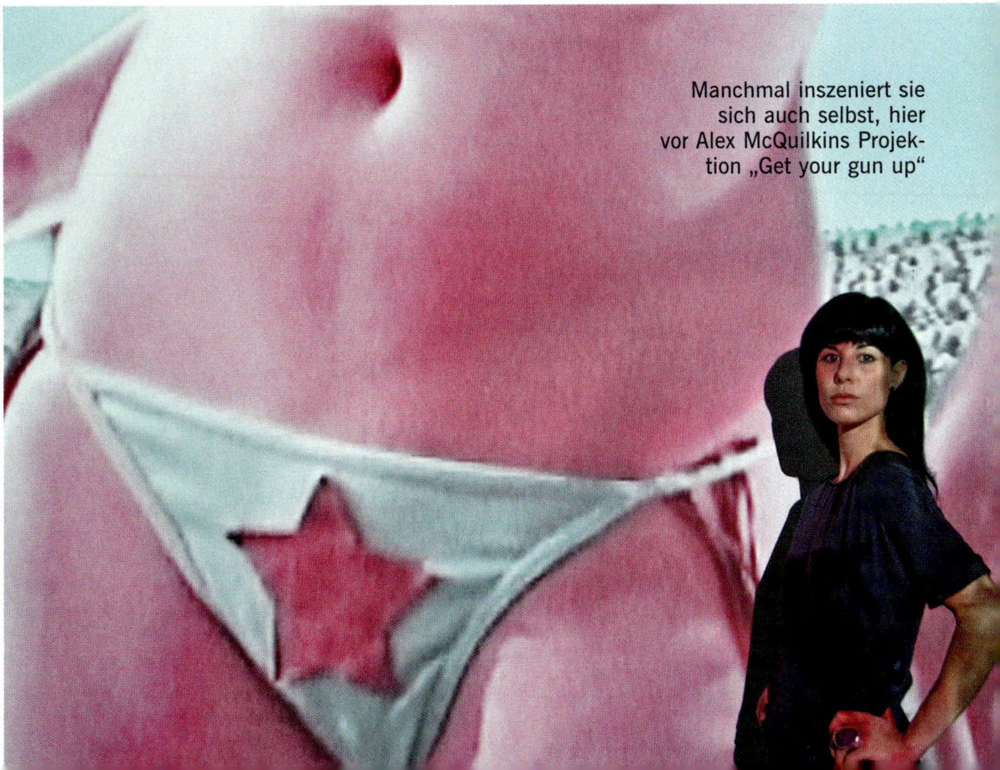

Manchmal inszeniert sie sich auch selbst, hier vor Alex McQuilkins Projektion „Get your gun up“

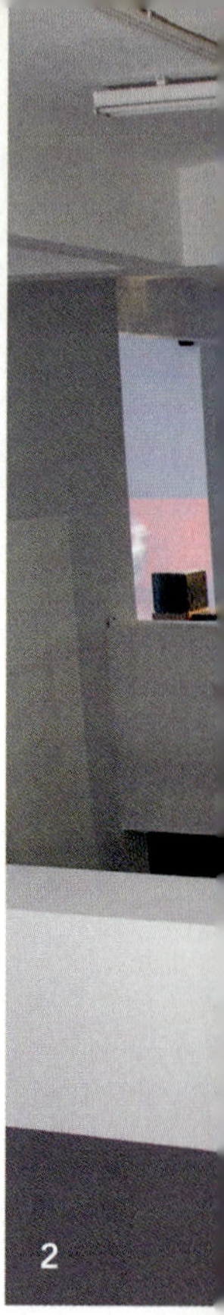

1 Aus der leer stehenden Rahmenfabrik in Oberkassel wurde mit viel Respekt vor dem Gebäude ein Juwel, ganz oben wohnt die Hausherrin **2** Die Räume sind variabel, die Lichtgestaltung wurde geschickt auf die Bedürfnisse bewegter Bilder ausgelegt **3** Stoschek fand das Haus bei einem Spaziergang mit Hund Mumphy

Kunst ganz privat

Kein Schild weist vom Oberkasseler Belsenplatz hinein in die Schanzenstraße, keine Hinweise in der Einfahrt zum Hinterhof. Es ist eben eine richtige Privatangelegenheit, in ihre Sammlung zu finden, weiß Julia Stoschek. Und vermutlich ist es gerade so am Besten: Etwas von ihrer Freude am Entdecken soll auch der Besucher mitbringen. „Man muss einfach kommen wollen", sagt sie mit angedeutetem Schmunzeln, „das funktioniert doch super."

Einwände wären jedenfalls zwecklos. Mehr als 4000 Menschen haben während der ersten Ausstellung, die im Juni 2007 eröffnet wurde, an den offenen Samstagen hierhergefunden. Auch zur zweiten kommen nun bis zu 150 pro Öffnungstag. Die Julia Stoschek Collection könnte es mühelos mit manch öffentlich gefördertem Museum aufnehmen. **Es ist aber „ein privates Ausstellungshaus, das meine private Sammlung zeigt", sagt sie – und „nicht in Konkurrenz, sondern beabsichtigt als Bereicherung einer hervorragenden Museumslandschaft".**

Die Kunststadt Düsseldorf hat also eine Attraktion mehr im prallen Portfolio, für die sie keinen Cent aufbringen muss. Was immer das überzeugend renovierte Haus für mediale Kunst benötigt, wird aus der Schatulle einer 33-jährigen Unternehmertochter entrichtet, die selbst einem grellen Clip entlaufen sein könnte. Julia Stoschek hat laut Selbstaussage „immer schon versucht, Sachen desselben Genres zusammenzutragen". Das begann bereits während einer beschützten Kindheit in Coburg mit dem Sammeln von Aufklebern und Schuhschachteln – und hat sich bereits während eines internationalen Betriebswirtschaftsstudiums zu ersten Kunstankäufen gesteigert.

Damals in New York wechselte die kesse Praktikantin eigenmächtig vom Finanz- ins Kulturmanagement eines deutschen Bankhauses. Dabei entdeckte sie ihre Liebe zu jenen medial gestützten Kunstrichtungen, die man international *time-based media art* nennt – also Video, Performance und Installation. Das ist für sie „die Kunst meiner Generation", die mit MTV und Homevideos aufwuchs – in ihrem Fall von der Einschulung bis zur bayerischen Meisterschaft im Dressurreiten.

Heute überschlägt sie die Zahl der Arbeiten, die sie seit dem Kauf dreier Videos von Aaron Young erworben hat, auf rund 400. Darunter sind Klassiker von Pionieren wie Bruce Nauman, Bill Viola und Marina Abramovic, ebenso Arbeiten von Walead Beshty oder Cheryl Donegan. **„Ich trage eben lieber zusammen und gebe nicht so gern ab", sagt sie mit deutlichen Bremsspuren von Koketterie.** Eine Art von Abgeben findet allerdings jeden Samstag statt, wenn ihre Mitarbeiter den vorangemeldeten Besuchern für fünf Stunden die Türen öffnen. Eintritt frei.

Dann wandern neben den schon immer von zeitgenössischer Kunst Begeisterten auch Kleingruppen von unvorbelasteten Zaungästen durch die beiden Ausstellungsetagen. Exakt 54 Videos, Installationen und Fotoarbeiten zum Thema Körperlichkeit sind in der aktuellen Ausstellung „Number Two: Fragile" zusammengestellt. Und nur zu gern mischt sich die Hausherrin gelegentlich mit Sonnenbrille oder sonst einer Mimikry unter die Menge, wenn die auf Hannah Wilkes Selbstentblößungen aus den siebziger Jahren oder Terence Kohs Installation „Snow White" prallt – einer neonweißen Märchen-Landschaft mit Porzellan-Chrysanthemen und verspiegeltem Sarg und dem Video einer Performance mit Künstler und Mäzenin.

„Ich bin schon mit Stolz erfüllt, wenn ich erlebe, wie sich wildfremde

Künstler beobachten, fördern, Werke sammeln und archivieren: Stoschek hat ihre Leidenschaft zum Beruf gemacht

Jägerin und Sammlerin

Menschen meine Sammlung ansehen", erklärt sie. „Wenn die dann den Eindruck haben, die zwei Stunden waren keine Zeitverschwendung, hat dieses Haus voll seinen Zweck erfüllt."

Leider aber wird die Stoschek immer häufiger erkannt, denn mit dem ersten Mediengewitter avancierte sie nicht nur in ihrer Wahlheimat zur Celebrity. Als „ebenso elegantes wie energisches Modell einer Mäzenin des neuen Jahrtausends" *(Vogue Online)* ist sie einfach zu spektakulär, um von Boulevard-Phantasien verschont zu bleiben. Da war es nur eine Frage der Zeit, wann die modebewusste Förderin auf die „Kunstsammlerin in Röhrenjeans und Stilettos" *(Die Welt)* verkürzt werden würde. „Solange ich noch nichts präsentieren konnte", ahnt sie heute, „war's auch gar nicht anders möglich."

Das Zerrbild der Millionenerbin, die mit ihrem üppigen Taschengeld in Ateliers und Galerien shoppt, hat ihr Entree nicht leicht gemacht. Sammler haben, wenn sie seriös wirken wollen, im Prinzip über sechzig Jahre alt und in britischem Tweed gewandet zu sein. Die einzigen Ausnahmen sind Peggy Guggenheim, Barbara Gladstone oder Ingvild Goetz. **Außerdem ist der Kunstmarkt „so etwas wie ein Kuchen, da war alles ganz gut verteilt – und plötzlich kam da noch jemand dazu."** Was hatte sie in diesen ersten Jahren nicht für „wunderbare Erlebnisse", deutet sie grinsend an – „mit Menschen, die mich nicht ernst genommen haben und sich heute vor mir auf den Boden schmeißen."

Vielleicht musste Julia Stoschek also erst dieses Haus eröffnen, damit wirklich alle genauer hinsehen. Sie fand es im Herbst 2004 beim Spaziergang mit ihrem Hund durch das alte Industrieviertel hinter dem Belsenplatz. Weder die Auflagen von Behörden noch die Vorbehalte ihrer Familie konnten ihr das 1907 erbaute, denkmalgeschützte Gebäude ausreden, in dem zuletzt eine Rahmenfabrik arbeitete. Bei den Stoscheks, die von Coburg aus ein weltweites Autozulieferer-Unternehmen führen, war freie Kunst bis dahin kein größeres Thema.

Aber Einwände und Hindernisse spornen gewisse Charaktere erst recht an. **„Ich mag Konflikte und schwierige Situationen", sagt Stoschek. „Und wenn ich mir was in den Kopf gesetzt habe, versuch' ich alles, um es umzusetzen."** So folgten nach dem Erwerb der Immobilie „drei unglaubliche Jahre mit ganz viel Freude und Tränen", bei der das Architektur-Büro Kuehn Malvezzi Regie führte. Die Berliner Spezialisten für Ausstellungs-Architektur legten mit viel Respekt vor dem historischen Fabrikgebäude dessen klare Grundstrukturen wieder frei – und schufen einen variablen Ausstellungsparcours, der sich durch alle Stockwerke zieht – bis zu dem riesigen Loft mit Dachterrasse, in dem die Sammlerin lebt.

Rund 600 Gäste durften sich 2007 zur Eröffnung davon überzeugen, dass hier nicht einfach ziel- und stillos Geld verbrannt wurde. Seither gehört das schmucke Haus im Hinterhof auch international zu den ersten Adressen für mediengestützte Kunst. Dank der exzellent vernetzten Sammlerin, die auch in der Ankaufskommission des New Yorker Museum of Modern Art für *media and performance art* sitzt, behauptet sich die Sammlung immer besser auf dem globalen Markt. Ein Team aus drei Kunsthistorikern ergänzt sich im Sichten, Auswerten und Kontakten; es gilt schon heute auf die Jagd nach Namen zu gehen, die morgen in den Fachzeitschriften auftauchen.

„Früher waren wir für die guten Arbeiten oft ein bisschen zu spät", so Stoschek. „Inzwischen wissen wir schon vorher, welcher Künstler eine neue Arbeit produziert, und können diese begleiten – bis hin zur finanziellen Unterstützung. Sammeln heißt ja nicht einfach herumreisen und kaufen. Mit dem Erwerb geht's eigentlich erst los: Wie kann die Arbeit dokumentiert und archivarisch betreut werden, wie können wir sie präsentieren?"

In diesem Jahr wird auch wieder erweitert und gebaut. Dann soll im Keller des Gebäudes ein Depot mit Klimakammer fertig gestellt werden, in dem die Arbeiten optimal lagern können. Und zum Oktober werden die beiden Ausstellungsetagen getrennt. Im oberen Stockwerk werden Performances und andere Aufführungen für geladene Gäste stattfinden, im unteren wird eine öffentlich zugängliche, groß angelegte Ausstellung einen Überblick über die Entwicklung der Performancekunst in den letzten hundert Jahren geben.

Das wird wieder „ein großes Experiment", freut sich Julia Stoschek: „Mal gucken, ob jemand kommt." □

www.grauert.com
Presse + Buch
DÜSSELDORF DUISBURG OBERHAUSEN
GRAUERT
Reise Ware
Reiseführer, Stadtpläne,
Bildbände und spannende Geschichten
für Weltenbummler ...
HAUPTBAHNHOF
DÜSSELDORF
Tel. 0211 - 36 06 48 /49
HAUPTBAHNHOF
DUISBURG
Tel. 0203 - 33 57 23
HAUPTBAHNHOF
OBERHAUSEN
Tel. 0208 - 20 05 01
Der Medienglobus
am Niederrhein!
PRESSE & BUCH
IM BAHNHOF

Bevor Sie ganz
abheben....
LESEVERGNÜGEN
mit HOLLMANN BUCH & PRESSE
News, Magazine, Presse, Jugend, Bücher,
Medien, Souvenirs, Englische Bücher,
Reiseführer.....
News, Press, Books, Souvenirs,
Travel Guides.....
Nouveaute, Magazins, Journals, Livres,
Media....
Sie finden uns im Flughafen Düsseldorf:
1 x Terminal A, 2 x Terminal B, 1 x Terminal C,
jeweils in den Sicherheitsbereichen
und 1 x Heinrich-Heine-Allee (Innenstadt) · 40213 Düsseldorf
www.hollmann-duesseldorf.de
HOLLMANN

Alt für alle!

Die Kneipen und Restaurants der Altstadt sind zwar voller Touristen, aber sie sind auch zweites Wohnzimmer der Düsseldorfer. Und das von früh bis spät

TEXT: SABINE KNAPPE, FOTOS: GERALD HÄNEL

Ins „Et Kabüffke" auf ein Gläschen Killepitsch. Der hochprozentige Kräuterlikör geht runter wie Öl, die Gäste stehen dicht an dicht, damit keiner umfällt

Auch wenn das „Weinhaus Tante Anna“ sich weltläufig gibt:
Man isst hier am liebsten „Himmel on Ähd“

Frühstück oder Aperitif: Ein Alt geht immer

Dommech emmol en Kölsch!" Betont lässig schiebt der Düsseldorfer sein Glas Richtung Zapfer. Der schaut nicht mal auf, und das Alt zischt hinein. Der Gast grinst – sein Ritual im „Kreuzherren Eck", Altestadt 14 an der Ecke Ursulinengasse. Eine Kneipe wie ein Wohnzimmer. Seit dem Eröffnungsjahr 1954 hat sich nicht viel geändert: 30 Quadratmeter mit Tresen, Schnapsregal, Barhockern und Fässchen. Was will man mehr? Hier füllt der Mensch den Platz. An so einem Ort beginnen die ausschweifenden Monologe über die Welt und was sie zusammenhält mit der Ankündigung: „Isch red' mal aus der Kneipe ..."

In der Ratinger Straße sind Generationen aufgewachsen, die hier weit mehr lernten, als Bier zu trinken. Im „Kreuzherreneck" trafen sich die Künstler, und im „Ratinger Hof" tobten in den Achtzigern die Punks. „Keine Atempause, Geschichte wird gemacht. Es geht voran", grölte die Szene, wenn im „Hof" die Gruppe „Fehlfarben" spielte. Oder die „Toten Hosen" oder „Mittagspause".

Perdu! Den „Hof" gibt's nicht mehr. Dafür findet die wirkliche Mittagspause im „Ohme Jupp" gegenüber statt. Auch hier ist die Gastwirtschaft eine großzügige Bühne für die vielen Gäste, die mittags echte Hausfrauenküche essen, also Stielmuskartoffeln mit Frikadellen oder Möhreneintopf mit Mettwurst. In der Küche stehen handfeste ältere Frauen, die sich nicht vor einer anständigen Mehlschwitze scheuen.

Es lohnt sich, die Düsseldorfer Altstadt tagsüber zu besuchen. Ab zehn Uhr fließt das erste Altbier aus den Hähnen der Brauereigaststätten. Sperrstunde kennt hier keiner. Es gibt nur die so genannte Putzfrauenstunde zwischen fünf und sechs Uhr morgens. Öffnungszeiten sind ansonsten Ermessenssache. Vormittags sind hier die Bummler unterwegs.

Man braucht um diese Zeit nie länger als fünf Minuten zu warten, bis der typische Altstadt-Ureinwohner vorbeikommt, und meistens ist er nicht allein. Heute sind es zwei entspannte Herren mittleren Alters, mit leicht rötlichem Gesicht und breitem Lächeln, von denen der eine mit lauter Stimme tönt: „Wie juut, dat isch Rheinländer bin." Da weiß man sicher, wo man gelandet ist. Die Herren kommen aus dem „Füchschen", genau die richtige Adresse für das erste Bier am Tag. Hier wird selbst gebraut. Wer einen der blankgescheuerten Stehtische in der Schwemme ansteuert, muss am „Beichtstuhl" vorbei. Aus diesem verglasten Kasten gaben Wirt und Wirtin Zigarren und Schnaps aus.

Aus dem Holzfässchen muss es sein: Das leicht bittere, frische Altbier ist Düsseldorfs Lebenssaft

Heute dient das Kabuff als Kiosk, in dem man sich die herrlich altmodischen Bügelflaschen für Zuhause kauft.

Ein verspätetes Frühstück oder schon Aperitif: Das erste Alt kann alles sein. Wer in der Altstadt arbeitet oder flaniert, geht mittags gern in den „(Q)Stall", Kurze Straße 3. Draußen vor der kleinen Küche von Julia Wenzel sind bei gutem Wetter Tische aufgebaut, drinnen aber steht man in dem kleinen Raum, der an einen Imbiss erinnert. Drei Suppen, Salate und Butterbrote gibt es hier, alles ist herrlich frisch und unkompliziert. Und gut muss es sein, denn hier essen auch die Köche aus anderen Altstadtlokalen. Das Brot kommt von der Bäckerei Hinkel um die Ecke in der Mittelstraße 25 – dem Kultbäcker für Röggelchen, die glänzenden, runden Roggenbrötchen, die es nur

1593 als Kapelle gebaut, heute gediegenes Restaurant zum Wohlfühlen: das „Weinhaus Tante Anna“

Hier palavert jeder mit jedem, und wer allein ist, telefoniert sich jemanden herbei: das „Ohme Jupp“

Das wird schon noch voller: „Et Kabüffke" an einem frühen Nachmittag mitten in der Woche

Ein Alt ist ehrlich, lecker und vor Ort gebraut

Das Herz der Altstadt schlägt auch unter freiem Himmel. Das „Uerige" wuchert an milden Abenden über die Straße

im Doppelpack gibt. Zwischen die Röggelhälften bettet sich gern ein Stück mittelalter Gouda, cremt sich ein mit scharfem Düsseldorfer ABB-Senf und macht auf „Halve Hahn" – eine Spezialität der Brauhäuser. Danach schmeckt ein richtig guter Espresso auf dem Carlsplatz-Markt bei „Kaffee Reich", Stand D2.

Schon biegen wieder zwei Düsseldorfer Lebemänner um die Ecke. Sie sind schon etwas lauter, formulieren aber noch gefühlvoll rheinische Satzeinleitungen wie „Und isch sach noch ...". Sie kommen gerade aus dem Brauhaus „Uerige" – und werden später wie ein Bumerang wieder dort auftauchen. Das ist kein Wunder, denn alles trifft sich im „Uerige", man muss nur der Nase nach gehen. An der Ecke Berger Straße/Rheinstraße liegt ein hellbrauner Berg, der dampft und duftet. Jeden Tag nach dem Brauen wird der Treber, das, was vom Braumalz übrigbleibt, auf die Straße geschüttet. Dann knattert langsam ein Traktor mit Anhänger über das Altstadtpflaster. Ein Bauer aus der Umgebung schippt den Treber auf und verfüttert ihn später an Schweine und Kühe. So beschaulich kann das Leben rund ums „Uerige" sein. In dem Komplex aus vier Häusern steckt ein Mikrokosmos aus Gaststuben und Brauerei, der jeder Stimmung und Generation Platz bietet.

„Wir leisten an einem Abend mehr an Verständigung als eine Familienministerin in einer Legislaturperiode", sagt Wirt Michael Schnitzler in rheinischer Resolutheit. Stimmt! Man sitzt und steht durcheinander, trinkt in den späten Nachmittag auf der Straße im milchigen Licht und fühlt sich geborgen. Die Köbesse, so heißen hier die Kellner, sind immer präsent, die Melodie des rheinischen Monologs spült in die Ohren, und das Bier ist lecker – klar, natürlich, ohne Chichi – wie die Frikadelle, die Schnittchenplatte mit Flönz (Blutwurst) und Leberwurst oder die Tellersülze vom Metzgermeister, oben in der Küche selbst gemacht. Alles ehrlich! Und Samstag Mittag gibt es Erbsensuppe – eine flüssige, aber feste Größe im Leben der Düsseldorfer.

Es gibt keinen Grund, hier nicht noch ein Alt zu trinken. Das finden auch die beiden Herren mit den jetzt leuchtend roten Gesichtern. Gerade sind sie wieder um die Ecke gebogen, stützen sich auf einen Stehtisch und schweigen genüsslich einen Moment.

Den Blick auf den Rhein in seiner ganzen schönen Breite darf man an einem solchen Tag nicht versäumen. Bis 18 Uhr ist das Café „Laterne" hoch oben im alten Schlossturm auf dem Burgplatz geöffnet. Der ideale Ort für einen Aperitif. Zum Essen geht's dann ins „Weinhaus Tante Anna". In der einstigen Kapelle von 1593 sorgen alte Stiche, glänzendes Messing und holzvertäfelte Wände für rheinische Gediegenheit. Man isst „Himmel on Ähd", also Apfel, Kartoffelpüree und Gänsestopfleber. Die Weine sind es wert, auf ein Alt zu verzichten – aber nur für die Dauer eines Essens.

Ein Altstadtbesuch wäre unvollständig ohne den Absacker im „Et Kabüffke" gegenüber vom „Uerige": ein Gläschen Killepitsch, der Düsseldorfer Kräuterlikör, der wie Öl durch die Kehle rinnt. Die Gäste stehen eng gedrängt. Das ist praktisch, niemand kann umfallen, und tatsächlich zahlt der, der sitzt, im Kabüffke mehr als der, der steht. Man kommt sich näher, und das lohnt sich. □

Sabine Knappe *ist in Düsseldorf aufgewachsen und Redakteurin des* Feinschmecker *in Hamburg.*

Die Düsseldorfer Dörfer

Die Altstadt ist fürs Alt, die Stadtteile drumherum sind für Junge. Stichproben in den Vierteln

ALTSTADT

Leider wird die Atmosphäre am längsten Tresen nicht nur von fröhlichen Rheinländern, sondern auch von trunkwilligen Touristen bestimmt. Es gibt aber Alternativen für Menschen, die Musik lieber hören als grölen. Seit Ende 2004 gibt es den *Salon des Amateurs* im Bauch der Kunsthalle. Betreiber Detlef Weinrich und Aaron Mehzion sorgen für ein anspruchsvolles und abwechslungsreiches Musikprogramm, das keine Wünsche übrig lässt. Der Erfolg gibt den beiden Recht. Das Publikum rekrutiert sich zum Großteil aus der Kunstszene, ohne dass der SDA allzu exklusiv geworden wäre. Dass sich Qualität und Altstadt nicht ausschließen, beweist auch das *Pretty Vacant* auf der Mertensgasse, das laut Umfrage von „gaesteliste.de" in die Top ten der deutschen Indie-Clubs aufgestiegen ist – Lohn für erstklassige DJ-Arbeit und Konzerte. Timo Sen übernahm vor fünf Jahren mit seiner Frau das *Stone* im Ratinger Hof. Seitdem gibt's in dem Traditionsladen auch wieder Gitarrenmusik.

(G 2) Salon des Amateurs
Grabbeplatz 4
www.salondesamateurs.de

(G 2) Pretty Vacant
Mertensgasse 8, Tel. 600 82 08
www.prettyvacant.de (s. S. 116)

Winziges Café, großes Angebot: das „Milchschaum"

Nichts ist, wie es scheint in Unterbilk: „Seifen Horst" ist heute ein schickes Café, war aber früher – eine Senffabrik

(G 1) Stone im Ratinger Hof
Ratinger Straße 10
Tel. 210 78 28
www.stone-club.de
Mi 21-5, Fr, Sa 22-5 Uhr
Aktuelles und Infos unter
www.duesseldorf-altstadt.de

BILK

Bilk ist mit über 37 000 Einwohnern der größte Stadtteil, ein eher pragmatisch organisiertes Viertel, dessen eines Zentrum die Heinrich-Heine-Universität ist. Das andere sind seit 2008 die *Düsseldorf Arcaden*. Wer die Stadt zum Einkaufen besucht, kann dort shoppen wie in Köln. Neben dem Allerweltsklotz hat sich jedoch die kleine und fast vergessene *Brunnenstraße* zum Zentrum liebenswerter Lokalitäten entwickelt, die von freundlichen und unprätentiösen Menschenbetrieben werden. Etwa das Mikrocafé *Milchschaum*, mit 15 Quadratmetern so klein, dass es schwerfällt, die Beine übereinanderzuschlagen. 2006 zog mit dem DVD- und Video-Verleih *Filmgalerie* eine Sammlung mit über 15 000 anspruchsvollen Titeln hierher, an denen sich auch zuweilen Udo Heimansberg bedient, der seit 1979 das *Metropol* betreibt, das älteste Kino Düsseldorfs. Galerien wie das *Pretty Portal*, das sich auf Street Art und Graffiti spezialisiert hat, oder *Kunstraum Düsseldorf* würden es sicher begrüßen, wenn mehr kreative Köpfe in den Stadtteil ziehen würden, aber ob das mit den neuen Arcaden gelingt, ist fraglich. Sicher ist nur, dass hier die Mieten steigen werden.

(D/E 10) Café Milchschaum
Brunnenstr. 20, Tel. 994 56 54

(D/E 10) Metropol
Brunnenstr. 20, Tel. 34 97 09
www.biograph-online.de

(E 11) Kunstraum Düsseldorf
Himmelgeister Str. 107e Weitläufiger Raum für jede Kunst von Malerei bis Video.

(D/E 10) Pretty Portal
Brunnenstr. 12 Tel. 41 61 83 10
www.prettyportal.de
Mehr über das Viertel unter
www.bilkonline.de

UNTERBILK

hat etwa 18 000 Einwohner. Wer sich der *Lorettostraße* nähert, muss an *Meckenstocks Mittagskarte* vorbei, die brachial den „Sauerbraten vom Pferd" anpreist. Wer es leichter mag, geht zu Seifen Horst. So geht hier Altes und Neues eng zusammen: Unterbilk ist die Heimat wagemutiger Musiklabels wie *Unique Records*, aber auch der *Bürgerinitiative Friedensplätzchen*, die ebendort einen Bauernmarkt initiiert hat.

(C 9) Seifen Horst Neusser Str. 125, Tel. 0173 444 88 00
www.seifenhorst.de
Café-Bar mit kleinen Snacks.

(C 9) Rheinischer Bauernmarkt
Friedensplätzchen, Käse, Fleisch, Forellen aus der Region.
Di 8-13, Fr 10-18 Uhr

PEMPELFORT

Der Stadtteil nördlich der Altstadt hat etwa 27 000 Einwohner. Der Ehrenhof mit der Tonhalle liegt hier wie auch der Hofgarten und ein Teil des Rheinparks. Das Leben findet rund um die Nordstraße statt, das Restaurantangebot

In Oberkassel trifft man sich, sieht man sich, sonnt man sich im „Muggel“

reicht vom Luxus-Italiener bis zum traditionellen *Himmel & Ähd.* Besonderheiten: Deutschlands einzige unabhängige Hörbuchhandlung *Romeike* und eine Repräsentanz der 1884 gegründeten Schlaraffia *Dusseldorpia.* Das ist kein Matratzenhändler, sondern, so die Vereinssatzung, eine „Gemeinschaft von Männern, die in gleich gesinntem Streben die Pflege der Kunst und des Humors bezweckt“. Erfrischend unaufgeregt und offen für jeden Gast.
(E 5) **Himmel & Ähd** **Nordstr. 53 Tel. 498 13 61** Gebratene Blutwurst, Speckpfannekuchen, hausgemachte Leberknödelsuppe, göttlich die Marillenknödel auf Vanillesoße. *täglich 9-24, Küche bis 23.30 Uhr*
(E 5) **Schlaraffia Dusseldorpia**
Blücherstr. 6, Tel. 28 14 20 Jeder kann an den Schlaraffentreffen teilnehmen und die „Oase der intellektuellen Sorglosigkeit“ genießen. Termine unter **www.schlaraffia-dusseldorpia.de**

OBERKASSEL

Die Halbinsel auf der anderen Rheinseite gilt als Heimat reich gewordener Werber und SUV-Fahrer. Aber das ist nur die halbe Wahrheit. Unter den 17000 Einwohnern sind auch Fußgänger, die geringe Mieten zahlen. Oberkassel ist wie eine kleine Stadt, mit guten Restaurants, Cafés und hübschen Geschäften – alles in Laufweite. Auch der Flirtfaktor ist angeblich hoch. Die Statistik untermauert das: Fast die Hälfte der 9 627 Haushalte in Oberkassel sind Ein-Personen-Haushalte – eine Hochburg der Singles. Für den Besucher ist Oberkassel ein perfektes Spaziergebiet: durch die Rheinwiesen mit Blick auf die Altstadt und entlang der schönen Gründerzeitvillen. Wer den Stadtteil näher kennen lernen will, geht am besten ins *Muggel.* Hier treffen sich die coolen Freiberufler mit lässigem Designeroutfit und hohem Unterhaltungswert. Wenn sommers die Cabrios vorgeführt werden, gibt's großes Kino. Grund zur Freude bietet der Blick auf die Weinkarte.
(B 6) **Muggel** **Dominikanerstr. 4 Tel. 55 41 82** Den Minisaal mit 50 Sitzplätzen und Bar kann man für Privatfeiern mieten inklusive Vorführung eines Wunschfilms.

FLINGERN

In Flingern-Nord ist alles ein wenig alternativ, die 21 000 Einwohner sind noch etwas unkonventioneller als der Rest der Stadt. Mieten und Milieu entsprechen der sozialen Infrastruktur eines Arbeiterviertels, und das hat Kreative, reich an Ideen, arm an Kaufkraft, schon seit Jahren angezogen. Alteingesessene Modedesigner residieren einträchtig neben Newcomern wie *Revolver.* Kleinkalibrigere Unternehmen der Gastro- und Shoppingszene werden in rasantem Tempo erfunden, eröffnet, geschlossen, verworfen, neu erfunden, wiedereröffnet. Flingern ist das kreative Kraftwerk der Stadt, hier schläft man gern etwas länger, was sich auch auf die Öffnungszeiten auswirkt. Was es aktuell in Flingern zu sehen, zu erleben, zu genießen und zu kaufen gibt, erfahren Sie unter anderem auf der sehr originellen Website www.kaufhaus-flingern.com. Oder Sie warten, bis Mike Driessen und Benjamin Ellenberger auftauchen, die als *Captain Flingern* den Stadtteil seit Jahren mit originellen Partys und Events überziehen. Was sie aktuell anstellen, erfährt man ausschließlich über www.cap tain-flingern.de oder per Gerüchteküche.

Traditionell an Flingern ist einzig der heiß geliebte *Fußballclub Fortuna Düsseldorf*, der hier kein Stadion hat, aber den Vereinssitz.
(G 7) **Fortuna Düsseldorf**
Flinger Broich 87, Tel. 23 80 10
www2.fortuna-duesseldorf.de
Zurzeit leider nur in der 3. Liga.

FRIEDRICHSTADT

Ein kleines Kulturzentrum mit 17 000 Einwohnern, engagierte Kunstvereine, die mit lässiger Hand und alternativem Programm arbeiten. So wurde im August 2001 zwecks Kunstförderung der *Metzgerei Schnitzel e. V.* gegründet. Mit der *Fußballmannschaft Blau-Blau Brause* spielt man in der Bunten Liga und verfügt mit dem Vereinsheim „Brause“ über einen ausnehmend schönen, aquariumartigen Treff. Mitglieder sind aufgefordert, an der Programmgestaltung mitzuarbeiten. Dazu gehören Lesungen mit Underground-Literaten zum Thema „Rumhängen mit Sinn“. Auf selbem Gelände residiert auch die nachhaltig wirtschaftende Werkstatt *Automobilfaktur*. In der seit den 1950ern im Originalzustand erhaltenen ehemaligen Tankstelle sitzt Nico Trefz und repariert nach dem Grundsatz „Instandhaltung statt Neuwagen“.
(E 9) **Metzgerei Schnitzel**
Bilker Allee 233
Tel. 25 58 77
www.metzgereischnitzel.de
(E 9) **automobilfaktur**
Bilker Allee 233, Tel. 933 73 37
Auch Mopeds Roller sind willkommen.

MERIAN | TIPP

Aktuelles erfahren Sie in PRINZ Düsseldorf. Weitere Adressen finden Sie in unserem Infoteil ab S. 105. Noch mehr Infos: **www.duesseldorfer-stadtteile.de**

Das „Tor zu Flingern“ in der Ackerstraße. Man beachte den Fortuna-Kicker links

Oxford Spires
Lust auf England ?
Gewinnen Sie eine Kurzreise nach Oxford!
Einfach Postkarte ausgefüllt zurücksenden oder auf www.visitengland.de/merian teilnehmen.
Preis: Kurzreise nach Oxford für 2 Personen, inkl. Hin- & Rückflug, 4 Übernachtungen in Bed & Breakfasts, Mietwagen. Einsendeschluss: 31.12.2009. Reiseantritt: bis 31.08.2010. Preisauslosung: am 18.01.2010 (Benachrichtigung innerhalb einer Woche). Der Rechtsweg ist ausgeschlossen. Leistungen nach Verfügbarkeit. Der Preis ist nicht in bar auszahlbar und nicht übertragbar. Professionelle Gewinnspieldienste sind von der Teilnahme ausgeschlossen.
Für Ihre nächste Englandreise – ob Kurztrip, Rundreise oder Wandertour – finden Sie eine Fülle von Ideen und praktischen Informationen auf
www.visitengland.de
VisitEngland ist das offizielle englische Fremdenverkehrsamt.
visitEngland.de™

Sie malen mit Kamera und Computer, waren Schüler der Kunstakademie und erfinden neue Realitäten. DÜSSELDORFER FOTOGRAFEN erobern die Welt. Allen voran Andreas Gursky

RHEIN II Andreas Gursky 1999 Wenn Andreas Gursky den Rhein fotografiert, wird der Fluss zur Fläche, das Ufer zum Rahmen, die Landschaft zur Grafik

Die Klasse der neuen Wirklichkeit

TEXT: KAROLA KOSTEDE

Foto: Joerg Koch

Die gewaltige **Macht** der Masse

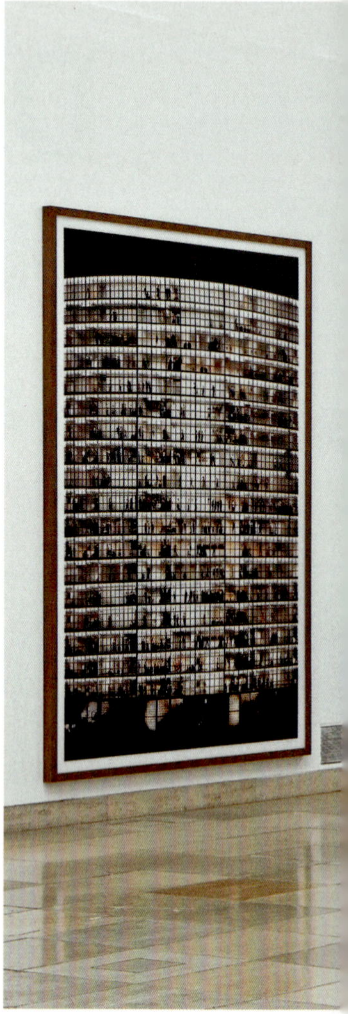

ANDREAS GURSKY bildet die Welt mit seinen Fotos nicht ab, er interpretiert sie. Auch sich selbst. Dieses Bild wählte er persönlich für MERIAN aus

Foto: Wilfried Petzi

Groß und größer Im Münchner Haus der Kunst hatte Gursky 2007 seine bis dahin umfangreichste Ausstellung, auf immerhin 1800 Quadratmetern. Auch einige der Bilder hat er aus diesem Anlass noch einmal vergrößert

Nehmen wir mal an, Sie gehen am Rhein spazieren und treffen einen Herrn, der den Fluss fotografiert. Der aber macht Ihnen klar, dass „der Rhein nicht der Rhein ist, wenn ich ihn fotografiere". Schon sind Sie mitten in einer Debatte über Fotokunst und wissen nur noch eins ganz sicher: Dies ist Düsseldorf. In Karlsruhe, Kehl oder Köln passiert Ihnen so etwas nicht. Hier in Düsseldorf residieren die teuersten und geachtetsten Fotografen der Welt, hier hat sich Fotografie zu einem Zweig darstellender Kunst entwickelt, der sich weit von allem Dokumentarischen entfernt hat (aber immer noch dessen Sprache nutzt) und sich viel eher in die Tradition klassischer Malerei stellt.

Allen voran: Andreas Gursky, von dem das Rhein-Zitat stammt. Seine gigantischen, kühlen und gestochen scharfen Megafotos von Konsumgütern, Autorennen, Techno-Events, Landschaften, Wertpapiermärkten und Massenspektakeln sind in Museen rund um den Globus zu sehen. Allein im Jahr 2008 hatte er weltweit neun Einzelausstellungen, dazu kamen etliche Gruppenausstellungen. Nachdem er 2000 mit einer Rückschau im New Yorker Museum of Modern Art den Ritterschlag der Kunstszene erhalten hatte, ist Gursky der bestbezahlte Fotograf des Planeten. Sein Diptychon von einem Billigsupermarkt in Los Angeles mit dem Titel „99 Cent II" kam 2007 für 1,7 Millionen Britische Pfund, damals 2,6 Millionen Euro, unter den Hammer.

Und er ist nicht der einzige Superstar aus Düsseldorf. Auch Thomas Struth gehört dazu, Axel Hütte, Thomas Ruff und Candida Höfer. Sie alle zählen zu den Einflussreichsten ihres Genres, sie sind die Avantgarde der Fotokunst.

Und sie alle sind Schüler von Bernd und Hilla Becher. Der 2007 verstorbene Becher, der von 1976 bis 1999 an der Kunstakademie unterrichtete, und seine Frau Hilla fotografierten streng, sachlich, schwarz-weiß und in Serie. Menschen kamen bei ihnen nicht vor. Ihre Werke erhoben Kühltürme, Fördertürme oder Wasserbehälter zu „anonymen Skulpturen" – und sind zugleich Dokumente einer vergehenden Industriekultur. Die Bechers prägten eine Generation von Fotografen, viele von ihnen leben und arbeiten heute noch immer in Düsseldorf, genau wie Gursky. Wobei gerade er sich vielleicht am weitesten von ihnen entfernt hat. Er macht nicht nur farbige Aufnahmen, sondern zeigt auch noch Menschen. Damit bricht Gursky wie Struth und Ruff mit dem Vorbild der Bechers.

NEUJAHRSSCHWIMMER **Andreas Gursky, 1988** Schon vor über 20 Jahren entwickelte sich Gurskys spezieller Blick, der über das rein Dokumentarische erhaben scheint. Seit 1992 bearbeitet er seine Bilder auch digital

Zu Beginn seiner Karriere fand Gursky seine Motive in der unmittelbaren Umgebung. Er nahm Spaziergänger auf oder fotografierte Pförtner in den Logen der Konzerne und Luftgucker am Düsseldorfer Flughafen. Er begab sich auf Spurensuche im Alltag – und zwar noch im bescheidenen Kleinformat. Seine Fotos wuchsen mit seinem Erfolg, der zusammen mit dem von Struth und Ruff in den achtziger Jahren begann. 1988 zeigte er ein Düsseldorfer Ereignis: die „Neujahrsschwimmer." Hier deutet sich die heute so prominente Gursky-Bildwelt an. Der Blick aus der Ferne lässt die Menschen nur als kleine Pünktchen erscheinen – als Masse. Doch was tun diese Gestalten da? Das Bild „lässt offen, ob es sich hierbei um die Aufklärung eines Mordfalls handelt oder ob Menschen im Rhein getauft werden", kommentiert der Künstler. Nur der Titel gibt einen Hinweis darauf, was geschieht. Auch die typische Fotografen-Position ist hier schon zu finden. Denn meist fotografiert Gursky aus höherer Warte. Er erklimmt Kräne, Hausdächer oder steigt

BERND UND HILLA BECHER
Er war 20 Jahre lang Professor; die beiden verstanden sich als Künstlerpaar und prägten eine ganze Generation von Fotografen

THOMAS RUFF
Jahrgang 1958, ist mit seinen Sternenbildern und Porträts weit entfernt vom Wirklichkeitsanspruch der Fotografie

Die Blickwinkel der Avantgarde

in einen Hubschrauber, dieser „privilegierte Blick" kennzeichnet seine Werke.

Zudem fotografiert er Orte, die für viele unerreichbar bleiben, wie eine Station zur Erforschung von Elementarteilchen in Japan, die 1000 Meter unter der Erde liegt. Oder das Arirang-Festival, ein Massenspektakel in Nordkorea, das alljährlich im Sommer stattfindet. Er zeigt es dem Betrachter gigantisch schön, bis der erschaudert, denn schließlich handelt es sich hier um die Inszenierung einer Diktatur.

Seit 1992 nutzt Gursky die Möglichkeiten der digitalen Bildbearbeitung, greift ein, verändert, bearbeitet und komponiert. Bei seinen Boxenstoppfotos setzte er gekonnt helle und dunkle Kontraste ein wie einst Caravaggio, ergänzte kühn, was ihm fehlte, auch wenn es „nur" ein Boxenluder oder einige Mechaniker sind. Motive vom Nürburgring und aus Schanghai fügte er neu zusammen. Insgesamt arbeitete er vier Jahre lang an dem Thema, bemühte sich beharrlich um Genehmigungen und bekam schließlich den Zutritt zu schwer zugänglichen Bereichen des Rennsports.

Mittlerweile zählen Michael Schumacher und Formel-1-Chef Jean Todt zu seinen Freunden. Genauso wie Popstar Madonna, deren spektakuläre Bühnenshows er im Jahr 2001 in einer einzigen Fotocollage zusammenfügte. Mitte der neunziger Jahre entdeckte er die tanzenden Menschenmassen der Technoszene als Motiv für sich. In „May Day IV" versinkt der Betrachter im wirren Technogetümmel. Ohne zu wissen, wo hier etwas verdoppelt, gespiegelt oder in der Farbe verändert wurde.

An solchen Kompositionen entzündet sich auch immer wieder die Kritik an Gursky: Er benutze die Leichtgläubigkeit des Betrachters zur Manipulation, er arbeite unzulässigerweise mit den Mitteln der Dokumentation, um Illusionen zu erzeugen. Aber tut das nicht jedes Kunstwerk? Von Manipulation spricht der Künstler dabei nicht: „Fotos dürfen lügen", sagt er. Bei ihm müssen sie es sogar. Solche Kritik an der Methode kaschiert oft auch nur die Verwunderung über Gurskys kometenhaften Aufstieg, der besonders von Kollegen als Resultat völliger Überschätzung angesehen wird. Tatsächlich ist es schwer zu erklären, dass die führenden Kuratoren aller Kontinente Schlange stehen, um einen Gursky zu bekommen. Dazu hat wahrscheinlich das ihm angeheftete Schlagwort „Fotograf der Globalisierung" beigetragen, was nicht mehr besagt, als dass er in fast allen Städten und Landschaften der Erde schon einmal gearbeitet zu haben scheint. Er selbst sieht sich nicht so. Gursky ist der eigene Erfolg sicher nicht peinlich, aber erklären kann er ihn auch nicht.

Den Rhein fotografierte er 1999 noch einmal, diesmal ist das Bild vom Fluss komponiert wie ein abstraktes Gemälde. Parallel liegende, unterschiedlich breite Streifen scheinen in Grün und Grau aufeinander zu liegen. Der Horizont ist exakt in der Bildmitte und offenbart einen Blick in die Weite, wie es schon niederländische Landschaftsgemälde im 17. Jahrhundert taten. Doch die Uferzonen begrenzen auch diese Ausdehnung. Und die Industrieanlage, die in der Realität im Hintergrund steht, hat er ausgelöscht. Das Bild zeigt, dass Andreas Gursky sich mit Großformat, Reduktion und systematischer Inszenierung längst freigeschwommen hat. Er ist zum Maler mit den Mitteln der Fotografie geworden.

Und er wird sich weiterentwickeln. Er nimmt sich Zeit, darüber nachzudenken, was in den letzten Jahren alles über ihn hinweggegangen ist. Der 54-jährige Fotokünstler macht eine kreative Pause. Die Türen des ehemaligen Umspannwerks in Düsseldorf-Oberkassel, in dem er mit Thomas Ruff arbeitet, bleiben für Außenstehende verschlossen – kein Atelierbesuch, kein Interview, kein Austausch während einer flotten Fahrt in seinem Ferrari, nicht beim Joggen am Rhein, kein Piep – gar nichts. Andreas Gursky will endlich Zeit für seine Kunst haben. Er will sich neu orientieren. In welche Richtung, ist offen. □

AXEL HÜTTE
Jahrgang 1951, irritiert mit seinen Architektur- und Landschaftsfotos, die immer seltsam fremdartig wirken

CANDIDA HÖFER
Jahrgang 1944, drückt in ihren Bildern, wie Kritiker finden, „Zeitlosigkeit und Unverrückbarkeit" aus

THOMAS STRUTH
Jahrgang 1954, machte mit großformatigen Bildern von urbanen Plätzen Furore

Lange Beine, lange Schleppe, kurzer Auftritt. Auf der CPD Modemesse zeigen Mannequins Bademode der kommenden Saison als bühnenreife Inszenierung

[Die Macht des Schick-seins

TEXT: KAI METZGER, FOTOS: NORBERT SCHMIDT

Wenn Modemesse ist, läuft Düsseldorf zu Bestform auf: ganz neu, ganz vorn, ganz selbstbewusst. Und weil der Durchschnittsrheinländer nicht auf die Igedo darf, kommt die Mode auch zu ihm in die Stadt

[Kroko oder Tarn-Anzug

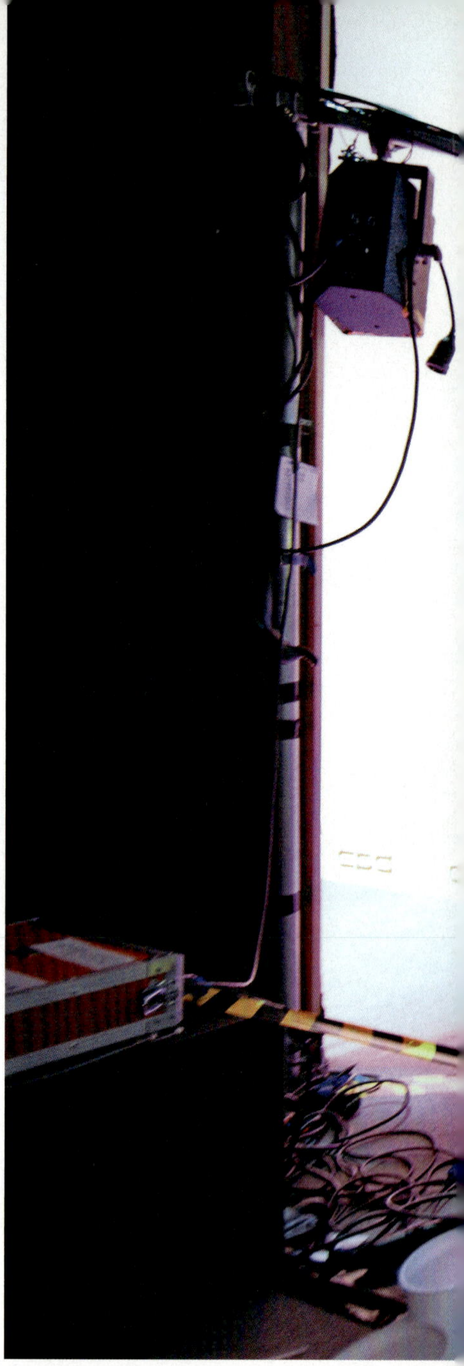

JEDE STRASSE IST EIN LAUFSTEG. Zumal in einer Stadt, die sich, hoffentlich mit mehr Selbstironie als Größenwahn, Klein-Paris nennen lässt. Selbst in den prekärsten Stadtteilen geht man nicht im Jogginganzug zum Aldi, sondern in Stretchjeans und bordeauxroter Kunstlederjacke. Allerdings verlieren sich die regelmäßig von der IGEDO und ihren Modenschauen ausgehenden Richtungsweisungen bereits auf der kurzen Strecke bis in die Altstadt. **Dort kulminieren alle möglichen Moden und unmögliche: künstliche Verschleißspuren, roter Kroko, nackte Bauchfalten; Frauen im Tarnanzug, in silbernen Tüllwolken, mit Lichterketten als Gürtel.** Insbesondere auf der Bolkerstraße und der Rheinuferpromenade zeigen Wochenendgäste, was bei ihnen zu Hause in Krefeld, Dormagen und besonders in Eindhoven als schick gilt. In diesem Panoptikum ziehen Bürger Blicke auf sich, die selbstbewusst die Mode von 1950 oder 1970 tragen: er mit Pullunder unterm Jackett, sie in vegetativ gemusterter Bluse mit Doppelmanschetten. Die Endstufe des alltäglichen Laufstegs und wahrlich eine Einrichtung von internationalem Rang ist die Königsallee. Hier reicht die Damenmode vom zauberhaften apricotfarbenen Etuikleid einer 23-jährigen Anlageberaterin bis zum 99000-Euro-Zobel, den sich eine Düsseldorferin für ihren Auftritt beim Juwelier grad mal übergeworfen hat.

AM ANFANG STAND DIE IDEE. Düsseldorf war nach 1945 schnell wieder auf die Füße gefallen und hatte die Nordwestdeutsche Ausstellungsgesellschaft gegründet. Dort schlüpften vor allem Textilhersteller aus dem zerstörten und isolierten Berlin unter und erfanden 1949 die „Interessengemeinschaft Damenoberbekleidung", die IGEDO. Als ersten Hingucker ließen sie ihre Vorführfräuleins auf der Königsallee stolzieren – eine Idee, die mittlerweile alljährlich vom „Tuntenlauf" parodiert wird, einer karnevalistischen Laufstegveranstaltung, bei der die Damenoberbekleidung von Herren auf Stöckelschuhen getragen wird.

Bei aller Zeigefreudigkeit in der Stadt ist die Igedo – seit 1972 auf dem weitläufigen Ausstellungsgelände am Rhein – eine Messe nur für Fachleute der Branche. Das war bei ihrer Gründung ein neues Konzept.

Die Fachleute verstehen hoffentlich auch die diversen Um- und Neubenen-

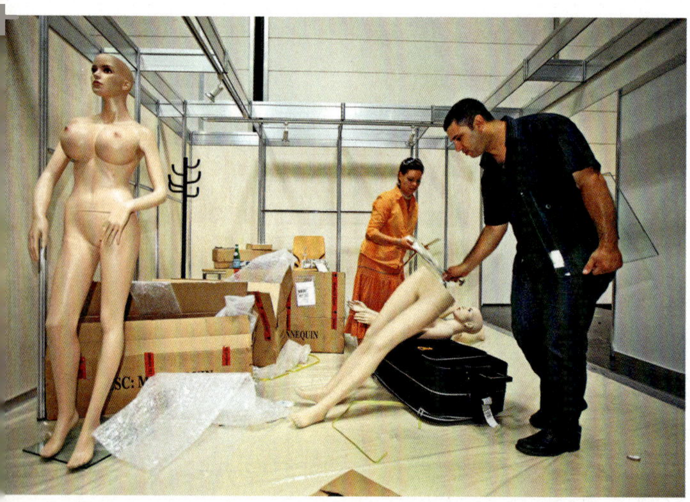

Drunter und drüber: Aufbau bei „Iris Fashion". Für die partiell etwas stärkere Dame wird auch diesmal etwas dabei sein

Hammer und Säge: Mode machen ist Kunst und Handwerk. Wer feines Tuch zeigen will, braucht auch die Werkzeugkiste

Warten auf den Auftritt in Halle 12. Eine Modenschau bedeutet auch Timing, Spannung und Lampenfieber

Halt still, Puppe: Letzte Hand wird angelegt, dann steht der Stand, dann sitzt die Perücke, dann geht der Blick ins Leere

„Fashion Theatre“ heißt die Halle, in der Maryan Mehlhorn ihre Kollektion zeigt. Völlig zu Recht: Dies ist Bollywood im Badeanzug

Die Firma Szamera Fashion hat als Attraktion die Jacob Sisters verpflichtet. Es hat geholfen – die Kollektion war ausverkauft

[Leben oder rosa Slips

nungen: Die heutige Igedo Company ist eine Modemessen-Veranstaltungsgesellschaft. Ihr traditionelles Kerngeschäft, die Damenoberbekleidungsmesse, heißt „Collection Premieren Düsseldorf", CPD. Der gemeine Düsseldorfer, um zu erklären, warum man kein Taxi bekommt und Hotelzimmer das Doppelte kosten, sagt freilich nach wie vor: „Is Igedo."

Zweimal im Jahr werden weit über 1000 Kollektionen aus mehr als 40 Ländern knapp 25 000 Kunden präsentiert. Es geht um Themen und Trends, Märkte und Impulse, Design und Style, doch am Ende steht der konkrete Abschluss zwischen Hersteller und Händler. Deshalb werden in Katalogen oft „Minimum Orders" vorgegeben: Wer bei der Firma Bogazici Socks weniger als 5000 Paar bestellen will, braucht sich gar nicht erst zum Beratungs-Cappuccino hinzusetzen.

INS PARADIES PASST KEINE MODE. „Wenn man durch eine Einkaufspassage in Düsseldorf spaziert, stößt man auf massenhaften Lebensersatz", befand der Schriftsteller Heiner Müller. „Fünftausend rosa Slips bejahen nicht das Leben." Hier irrte Müller insofern, als es nicht typisch für eine Modestadt ist, wenn Slips nur in einer einzigen Farbe lieferbar sind; so etwas deutet eher auf Planwirtschaft. Außerdem sind Slips in Düsseldorf nicht rosa, sondern pink. Recht hatte Müller eher damit, dass Mode den Stand der Zivilisation und des Bewusstseins spiegelt und somit alles andere kennzeichnet als ein Paradies, in dem man irgendwann ja mit allen Kleidern auch jede Mode ablegen wird.

Bis dahin dient Mode als Ausrufezeichen, besonders in einer Stadt, deren Hauptbeschäftigung professionelle Kommunikation ist: Verwaltung, Politik, Werbung, Geld, Kunst. Man spricht mit- und natürlich auch übereinander. Eine Spezialistin des Deutschen Mode-Instituts stellte in einem Trendseminar für die Herrenmode des Herbstes 2008 „smarte Anzüge" in Aussicht, „für die dynamischen Manager, die die Finanzkrise bewältigen … bewältigen wollen." Gelächter im Auditorium. Dass die Anzüge smart sind, bezweifelt niemand.

Wer sich im Bankenviertel fühlt wie im Dschungel, findet auf der Messe das passende Survival-Outfit. Etwa die „Edición Che": für den Herrn die Lederjacke Ernesto mit Guevara-Porträt, für die Dame das Modell Maria

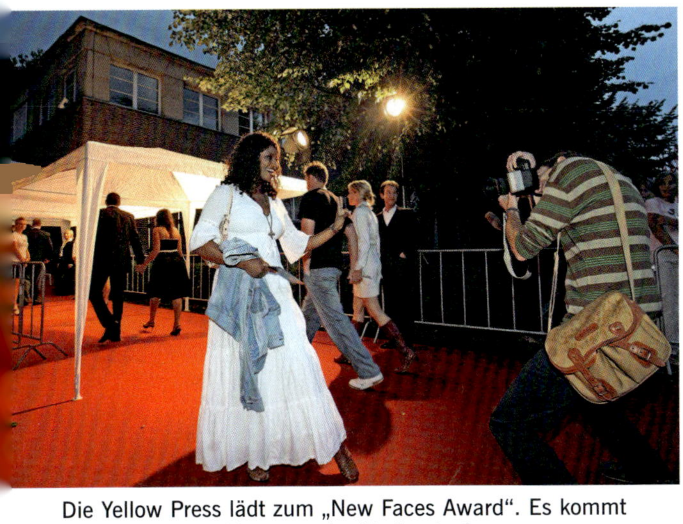

Die Yellow Press lädt zum „New Faces Award". Es kommt Liz Baffoe, alias Mary aus der Lindenstraße, …

… und Modeschöpfer Otto Kern aus Herford. Autogrammsammler beweisen: Couturiers sind Stars in Düsseldorf

mit kubanischer Flagge am Oberarm.

Zum Häuserkampf setzten diverse Modemacher in den neunziger Jahren an: Um ihre Exklusivität zu beweisen und sich von den engen Vorgaben der Messe zu befreien, wichen sie in Hotels, Wohnungen und Büros an der Kaiserswerther Straße aus. Diese Installation der „Showrooms" konnten weder die Igedo noch der trickreiche Oberbürgermeister Joachim Erwin verhindern. Zahlreiche Premiummarken sind nun ganzjährig präsent, haben ihre wichtigsten Ordertermine gleichwohl just während der Igedo, von deren Werbemaßnahmen und Anziehungskraft sie profitieren, während sie in den Messehallen durch Abwesenheit glänzen. Showrooms gibt es mittlerweile auch im Trendquartier Medienhafen und – back to the roots – im Interconti auf der Kö.

Wie üblich einigte man sich nach großem Palaver auf einen Modus Vivendi, auf Düsseldorferisch: „M'r moss och jönne könne." Neuerdings sitzen Showroomer, Messe und Stadtverwaltung im Fashion Net e.V. an einem Tisch, zwecks gemeinsamer Vermarktung der Modestadt Düsseldorf. Denn als hätte man mit lokalen Querelen und globalen Schieflagen nicht genug zu kämpfen, knurrt permanent die Konkurrenz: Kaum wurde, Ehrensache, die Messe Köln in die Schranken gewiesen, meldet sich der wiedererstarkte Modestandort Berlin. Um neben den Wettbewerberinnen bestehen zu können, möchte die Igedo – naheliegend – schlanker werden. Zur Ausstellungskosmetik werden etwa mehrere Tonnen Sand aufgeschüttet, um Strandleben zu simulieren. Oder man hängt sich ein sogenanntes Premium-Segment um. Die Igedo selbst ist halt ein spätes Mädchen, das sich in immer neue Fummel wirft – und weil sie das tut, rostet die alte Liebe nicht.

GEREDE GEHÖRT AUCH ZUM GESCHÄFT. Viele Aussteller und Einkäufer kommen seit Jahrzehnten immer wieder nach Düsseldorf; es ist das Familientreffen der Branche. **Es summt der Insidersmalltalk: „Sailing und Safari sind Keylooks." – „Der Casual-Auftritt wird durch Richness aufgewertet." – „Die Taille rutscht nach oben." – „Übrigens: Beige ist das neue Schwarz!"** Vielleicht fühlen sich die Modeleute hier so wohl, weil sie sprechen wie Rheinländer: souverän, informiert – und nie ernst. Deshalb empfiehlt es sich, auch rheinisch auf alles gefasst zu sein: Wenn ein harmlos aussehender Halbglatzen- und Brillenträger erzählt, seine „Stil-Ikone" sei Amy Winehouse, dann kann er Chefdesigner bei Gerry Weber sein oder ein cleverer Scherzkeks – oder beides.

Zwar entstünde einem Aussteller kein direkter wirtschaftlicher Schaden, wenn er eine Igedo versäumt, sagt der Geschäftsführer einer Bademodenmarke. Die Abschlüsse könne man auch anderswo tätigen. „Aber hier werden Kontakte gepflegt und Ideen gesät. Es wäre eine Schande, diesen Hotspot verkommen zu lassen."

Energiequelle des Hotspots ist das gewachsene Know-how, nicht nur der Messestrategen, sondern aller Beteiligten: Standbauer, die ein Umkleidekabuff von einem Quadratmeter vorsehen. Transportarbeiter, die Schaufensterpuppen zu behandeln wissen. Catering-Personal, das auf dem Abendempfang 300 Portionen Currywurstscheiben im Cocktailglas mit Holzgäbelchen serviert, praktisch und schick. Auch die speziell zur Igedo zugezogenen Assistenzkräfte rekrutieren sich größtenteils aus Stadt und Umland: Beleuchter, DJs, Visagisten, Friseure. Und die Anziehhilfen: gesetzte Damen, die oft früher selbst Mannequins wa-

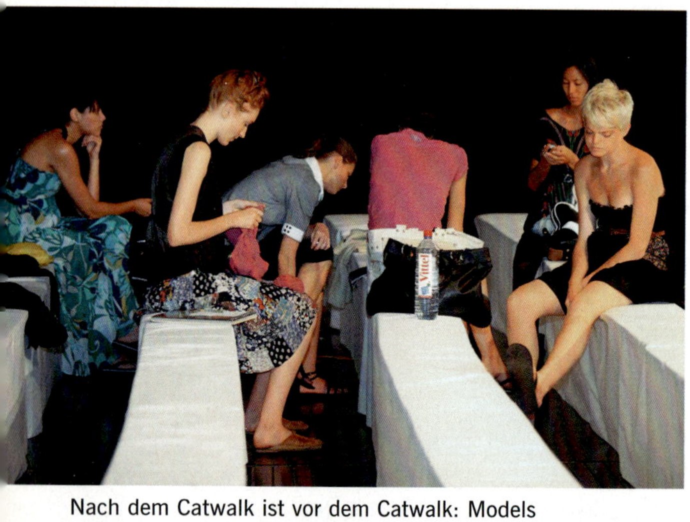

Nach dem Catwalk ist vor dem Catwalk: Models pausieren zwischen Probe und Show

Heiße Höschen: Ziemlich viel Haut zeigt die Bodylook-Show. Da wird aber auch noch die kleinste Kamera gezückt

[Vamp oder Neo-Hippie

ren und hinter der Bühne in Windeseile aus Bohnenstangen Keylooks machen. Und wenn's mit einem Zwirn ist! Denn die Igedo ist eine Naht zwischen Design und Realität.

Zu jeder vollen Stunde kommen auf den Laufstegen der Igedo die neu erfundenen Kollektionen heraus. Lightshow und Surroundsound veredeln Hemd und Rock. Die Choreographie der großen Schritte kommt daher, als ginge es um mehr als Jacke und Hose. 20-jährige Models mit Idealmaßen spielen die Rollen ihrer Kostüme: „Chefsekretärin", „Neohippie", „Klassefrau", „Vamp". Sie lächeln nicht. Dafür lächelt das Publikum, mit seiner etwas anderen Konfektionsgröße und geballten Lebenserfahrung. Sie, die Einkäuferinnen der Boutiquen, Modeketten und Kaufhäuser, wissen: Nur wenn sie eine der Schnapsideen oder einen der genialen Einfälle der Igedo für tragbar halten und tausendmal ordern, wird Mode daraus. Und nächstes Jahr ist alles von gestern.

Kleine Umfrage unter den Profis, die am Abend die Messehallen verlassen: „Kriegen Sie eigentlich auch von Düsseldorf was mit? Wo gehen Sie denn jetzt hin?" – „Auf die Kö. Leute kucken." □

Oben kritische Blicke, unten verträumte: drei Generationen bei der Präsentation „Design am Rhein"

MERIAN | TIPP

Rhein-Couture in Reinkultur

Peter Krell
Über Jahre hat sich Peter Krell einen internationalen Ruf erarbeitet, vor allem mit seiner exquisiten Abend- und Brautmode. Der Showroom steht bis heute in Düsseldorf.
(F 6/7) Pempelforter Str. 44
Tel. 498 46 02
www.peterkrell.net
Di-Fr 10-19, Sa 11-16 Uhr

Angela Oelschlaeger
schneidert aus feinstem Material Kleider mit klaren, weiblichen und körperbetonten For-men. Kundenwünsche werden berücksichtigt.
(F 5) Tußmannstraße 7
Tel. 48 65 42
www.angela-oelschlaeger.de
Di-Fr 15-18.30, Sa 11-14 Uhr sowie nach Absprache

Tina Miyake
Eigenwillige Kreationen aus Strick und Stoff. Tina Miyake entwirft überraschende, aber nicht übertrieben designte Stücke, die auch gut kombiniert werden können.
(F 7) Ackerstraße 39
Tel. 13 95 63 66
www.tinamiyake.de
Do/Fr 11-19, Sa 11-14 Uhr

>> weitere Mode-Shoppingtipps ab Seite 124

Arbeitsplatz

Das Ufer des Rheins war Handelsplatz, Promenade und Autostraße. Heute ist es ein großer urbaner Tummelplatz. Zeugen des Wandels: die Türme von Schloss und Lambertuskirche

1885 | Der Schlossturm verschwindet fast hinter den Schlossruinen, Häuser stehen am Wasser, den Rheinufer überquert eine Schiffsbrücke

1902 | Die Rheinpromenade ist als „Nebenprodukt" der Uferbefestigungen entstanden, die Ruinen des Schlosses sind abgeräumt

Düsseldorf hat das Herz noch immer auf dem rechten Fleck, und das ist das Rheinufer am Schlossplatz. Durch alle Jahrhunderte war dies der Ort, an dem die Stadt wirtschaftete, lebte und Besucher empfing.

Der Turm der Lambertuskirche und der Schlossturm sind die Orientierungspunkte, die das Stadtbild bestimmen und die Einordnung alter Ansichten erleichtern. Denn die Rheinfront hat sich im Lauf der Zeit immer wieder verändert. Die Häuser der Altstadt standen um 1880 in Höhe der Lambertuskirche bis dicht ans Wasser. Erst 1902 wurden die ersten Hochwasserbefestigungen samt Rheinpromenade zum Flanieren gebaut. Der Schlossturm war zwischen den wuchtigen Flügeln des Schlosses kaum zu sehen. Selbst die Ruinen nach dem Schlossbrand 1872, erst 1893 vollständig abgetragen, verdeckten ihn.

Der Warenverkehr per Schiff spielte für die Stadt am Strom eine wichtige Rolle. Deshalb wurde schon früh ein Hafenkran an der Uferbefestigung gebaut. Auch die Verbindung zum westlichen Rheinufer war von großer Bedeutung. Die technischen Möglichkeiten erlaubten anfangs jedoch nur eine von Schiffspontons getragene Brücke, die 1839 installiert wurde. 1898 wurde sie durch die Oberkasseler Brücke, eine Eisenkonstruktion aus zwei tragenden Bögen, ersetzt.

Düsseldorf wuchs ab der zweiten Hälfte des 19. Jahrhunderts enorm, wurde Industriestadt und übersprang 1882 die 100 000-Einwohner-Grenze, 1909 und 1929 wurden viele

wird Liegewiese

1968 | Das Rheinufer gehört den Autofahrern, der Schlossturm hat 1930 ein Dach bekommen, die neue Rheinbrücke quert den Fluss

2009 | Auf zwei Kilometern Länge ist der Autoverkehr überdacht, die neue Rheinpromenade gehört den Fußgängern

umliegende Orte eingemeindet. Die Stadt war Wirtschafts- und Verwaltungszentrale und Sitz des Provinziallandtags.

Einschneidende Veränderungen brachte der Zweite Weltkrieg. Bei mehreren großen Luftangriffen wurde die Stadt in weiten Teilen zerstört. Stadtplaner sahen den nötigen Wiederaufbau aber auch als Chance für eine neue, offene Stadtstruktur. Sie wollten die autogerechte Stadt.

Es ist heute kaum noch vorstellbar, aber bis in die 1950er Jahre spielte der Autoverkehr für die Gestaltung der Stadt praktisch keine Rolle. Erst mit dem beginnenden Wirtschaftswunder wurde das Auto zum Lieblingskind, dem sich alles unterordnete. Da war es ganz selbstverständlich und sogar ein Beweis von Fortschrittlichkeit, dass breite Verkehrsachsen die Städte durchschnitten.

Auch das Rheinufer wurde verkehrsgerecht gestaltet, zum Glück nicht als mehrspurige Durchgangsstraße wie etwa die nicht rückbaubare Berliner Allee. Die Verkehr auf der Uferstraße nahm dennoch von Jahr zu Jahr zu, und wo einst Kähne entluden wurden, waren nun Lkws und Anhänger abgestellt, ein asphaltiertes Gelände, von dem heute weniger Aufnahmen existieren als aus der Zeit zuvor: Wer hier fotografierte, mied den hässlichen Anblick.

Ein Umdenken setzte erst in den achtziger Jahren ein, allerdings mit spektakulärem Ausgang: die Verlegung des Autoverkehrs in den Rheinufertunnel 1993. 550 000 Autos rauschen hier täglich unsichtbar hindurch, darüber jedoch entstand eine Promenade mit Liegewiese, die entlang des Rheins ihresgleichen sucht. *Quelle: Droste-Verlag* □

So mag er ausgesehen haben, so steht er, aus Silikon gegossen, im Museum. Hautfarbe und Haartracht sind jedoch eher ungewiss

Der Mann aus dem Tal

Im Neandertal bei Mettmann wurden 1856 die wohl bekanntesten Skelettreste der Steinzeit entdeckt. Ein Erlebnismuseum widmet sich dem Urmenschen, der offenbar gar nicht unser Vorfahr war

TEXT UND FOTOS: CHRISTOPH OTTO

Die Silhouette des Urmenschen eröffnet den Weg in eine Zeit, als es den modernen Menschen noch nicht gab. Ein Lehrpfad in die Vorzeit

Pünktlich um 13 Uhr trifft die Gruppe ein, auf die Christian Hildebrandt schon wartet. Der Archäologe und Museumsführer nimmt die Gäste freundlich in Empfang, versorgt jeden einzelnen mit Kopfhörern. „Herzlich willkommen im Neandertal! Können mich alle verstehen? Gut!“ Mit großen Schritten marschiert er voran, an der zweispurigen Landesstraße 403 vorbei hin zum Pfad der Menschenspuren. Gefolgt von zwei Dutzend Besuchern, erzählt er von der ursprünglichen Schönheit des Tals und von der Düsseldorfer Malerschule, die hier rauschende Feste feierte. Dann verfinstert sich sein Gesicht und die Tonlage wechselt von Dur auf moll, wenn er schildert, wie seit Mitte des 19. Jahrhunderts der industrielle Kalkabbau einsetzte und die bizarre Hügelformation nach und nach weggesprengt wurde, bis vom ursprünglichen Tal fast nichts mehr übriggeblieben war als der bloße Name. Und selbst Namen sind vergänglich, denn bis in jene Zeit hieß das enge Tal der Düssel einfach Düsseltal, bis es im Gedenken an den Kirchenlieddichter Joachim Neander umbenannt wurde, der hier zu spazieren pflegte.

Wo heute weiß-rot gestreifte Metallstangen mitten im satten Grün des Rasens stehen, schaufelten Steinbrucharbeiter im August 1856 den Lehm aus der „Kleinen Feldhofer Grotte“ hin. Die Grotte lag damals hoch, heute ist der Berg längst abgebaut. Aber genau dort haben sie ihn gefunden, „den berühmtesten Deutschen“, Mister Neandertal oder Mister N., wie die Marketingexperten des Museums ihn nennen und dabei von ihm als Global Player sprechen, der sich internationaler Beliebtheit erfreut. Etwa 42 000 Jahre lagen seine sterblichen Überreste in der Erde. Die Arbeiter, die sie entdeckten, hielten sie für Bärenknochen. Der Elberfelder Realschullehrer Johann Carl Fuhlrott wurde hinzugerufen, um den Fund zu begutachten. Geschult durch stetige Naturforschungen und seine Leidenschaft für Tierknochen, erkannte er sofort, dass er die Reste eines Urmenschen in den Händen hielt.

Seine Erkenntnis brachte ein jahrhundertealtes Weltbild ins Wanken. Die Schöpfungsgeschichte des Alten Testaments wurde zu jener Zeit noch von den meisten Gelehrten wörtlich genommen. Erst drei Jahre später veröffentlichte Charles Darwin seine Abstammungslehre mit der These, dass sich Pflanzen und Tiere und damit auch der Mensch aus Urformen entwickelt haben. Ein Sturm der Entrüstung brach daraufhin los.

Steinwerkzeuge aus Flintstein zu schlagen, braucht Übung. Der Mann im Monitor zeigt, wie man's macht

Jagdbeute nicht nur von heute:
Wisente gab es auch schon vor 60 000 Jahren

Der Schädel ist falsch, die Fundstelle echt: Stangen markieren den Ort, wo im Jahr 2000 erneut gegraben wurde

Ein kluger Mensch in wilder Natur

Heute wissen wir, dass schon vor 1856 Knochen von der Art des Neanderthalers in Belgien und auf Gibraltar gefunden wurden. Doch die wurden im Gegensatz zum namengebenden Fund im Neandertal zunächst nicht beachtet. Nach der Entdeckung geriet die Position der Fundstelle in Vergessenheit. Erst im Jahr 1997 gelang es den beiden Archäologen Ralf W. Schmitz und Jürgen Thissen, den Ort wieder aufzuspüren, der 1856 unterhalb der Fundstelle gelegen haben muss. Und die beiden trauten ihren Augen kaum: Sie fanden in den alten Sedimenten nicht nur die Überreste eines zweiten Skeletts, sondern auch ein Schädelstück, dass genau zu Fuhlrotts berühmtem Schädelteil passte.

Nur vierhundert Meter vom einstigen Grab des Neandertalers entfernt steht seit 1996 das Neanderthal Museum. Aus Aluminium und Glas, schmucklos und karg ist es, außen jadegrün, mit einer Rampe wie ein Raumschiff. Schnittstelle zwischen Vergangenheit und Zukunft, Realität gewordener Traum des Architekten Günter Zamp-Kelp aus Berlin, eingebettet zwischen Düssel, Märchenwald und Landesstraße. In einer Spirale schraubt sich der Bau empor und bahnt dem Besucher den Weg durch die Entwicklung des Menschen.

Wer durch einen grünen Torbogen das Innere des Museums betritt, gelangt in einen Zeittunnel der Menschheitsgeschichte. Wie in einer Quizshow wird der Besucher selbst zum Akteur und sieht sich mit brennenden Fragen der menschlichen Existenz konfrontiert: Woher kommen wir? Wohin gehen wir? Der Blick fällt auf eine gigantische Sanduhr, in der winzige Sandkörner unaufhaltsam herunterrieseln. Der Zeittunnel ist Symbol für den Auftrag des Museums: Historie hautnah erlebbar zu machen, und zwar vom Anfang des ersten Vormenschen bis hin zu den aktuellen Problemen der Menschheit. Um die Reise durch die Zeit mit allen Sinnen begreifbar zu machen, arbeitet das Museum nicht nur mit Exponaten, sondern auch mit eindrucksvollen Hörtexten, Filmen und interaktiven Computersimulationen, die Erwachsene und Kinder faszinieren.

In der Sanduhr verrinnt die Zeit. Jedes Korn, das hier fällt, steht für ein Jahr. „Um die Spanne abzuwarten, die seit dem Ende der Neandertaler bis heute verstrichen ist, müsste man fünf Minuten vor der Sanduhr stehen bleiben“, verkündet eine Stimme über die Kopfhörer. Doch noch bevor sich die Besucher in den Dimensionen der Zeit verlieren können, reißt sie eine Frauenstimme aus ihren Gedanken: „Aber was sind fünf Minuten gegen elf Stunden! So lange bräuchte es, bis die Zeit abgelaufen ist, die der Mensch und alle seine menschlichen Vorläufer auf der Erde leben.“

Zeit verrinnt“, das meint auch der Marketingchef des Museums, Roland Ebbing: „Nach zehn Jahren mussten wir das ursprüngliche Ausstellungsdesign von 1996 aktualisieren. Einige Ausstellungsbereiche haben wir komplett neu gestaltet. Und im vorher defizitären Museumsladen koppeln wir jetzt das Shoperlebnis mit dem Bil-

Neandertaler pflegten ihre Kranken, und sie bestatteten ihre Toten: Menschen wie wir

Im Schrank der Evolution: Schädelabgüsse von Menschenaffen (unten) und Neandertalern (ganz oben)

Leben und Sterben des Mister N.

dungseffekt und machen Gewinn. Sehen Sie hier", sagt Ebbing, zeigt auf eine Fruchtgummitüte „Süße Knochen aus dem Neandertal" und verkündet stolz: „Steinlollys, Neandertaler Landbier, Kräutertropfen, Mineralwasser und T-Shirts. Wir sind dabei, den Neandertaler als Marke zu etablieren."

Und Mister N. steht, in Silikon gegossen, schmächtig und ein bisschen verlegen im Foyer und blinzelt die Besucher an: Die lernen ihn quasi als Mitmenschen kennen, nicht als einen, der grunzend durch die Urzeit zog. Denn der Neandertaler war unser Nachbar, teilte sich Europa über Jahrtausende mit dem modernen Menschen, er pflegte und beerdigte seine Verwandten, er hatte die Fähigkeit zur Sprache und im Schnitt sogar ein größeres Gehirn als wir.

Diese Menschen lebten in Europa, im Nahen und Mittleren Osten und bis weit nach Sibirien hinein, sie jagten Moschusochsen und Mammut, aber sicher auch Kaninchen. Und dann verschwanden sie, und niemand weiß warum, sie starben aus, die letzten lebten vor 28 000 Jahren in Gibraltar. Und das war, entwicklungsgeschichtlich gesehen, erst gestern.

Das Leben und Sterben des Mister N. ist heute mehr denn je Gegenstand internationaler Forschung, an der das Museum in Mettmann einen großen Anteil hat. Die Originalrelikte des Neandertalers lagern hier hinter Sicherheitsglas, hier wird die Datenbank geführt, in der Wissenschaftler aus der ganzen Welt ihre Ergebnisse zusammentragen. Dies und die bahnbrechenden Forschungen am Max-Planck-Institut in Leipzig haben unser Bild vom fernen Verwandten drastisch verändert. Nicht nur, dass er uns in vielen Kuturtechniken keineswegs unterlegen war – er war offenbar auch nicht unser Vorfahr.

Genetische Analysen zeigen, dass er von Menschen abstammt, die vor mehr als einer Million Jahren aus Afrika nach Europa kamen, die des modernen Menschen aber kamen erst vor 35 000. Und daraus folgt, dass auch schon jener frühe gemeinsame Vorfahr aus dem schwarzen Kontinent die Anlagen gehabt haben muss, die wir lange als unsere alleinige Errungenschaft ansahen: soziales Verhalten, handwerkliches Geschick und vielleicht die Fähigkeit zur Sprache.

Rätsel und ungelöste Fragen ranken sich um den Neandertaler, dafür hat man aber klare Visionen davon, wie sein einstiger Lebensraum gestaltet werden soll. Mit den angrenzenden Gemeinden will das Museumsteam um Direktor Gerd-Christian Weniger das Tal stärker vermarkten und den stetig größer werdenden Touristenstrom umweltschonender lenken.

Bisher führt der Wanderweg nahe dem Museum direkt durch das Naturschutzgebiet. In Zukunft soll ein so genannter Baumwipfelpfad, eine Art Hochweg in Baumkronenhöhe, helfen, die einzigartige Flora und Fauna besser zu schützen. Geht es nach dem Willen der Planer, soll auch das Naturschutzgebiet weiter ausgebaut werden. Schließlich halten sich hier Arten, die anderswo kaum noch auszumachen sind. Der Milzfarn, der in Deutschland

Ein kleines Stück Urwelt im Bergischen Land: das Tal der Düssel, Neandertal genannt

auf der Roten Liste der gefährdeten Arten steht, ist hier genauso zu Hause wie das Gelbe Buschwindröschen und der Hirschzungenfarn. Auch seltene Tiere wie der Eisvogel, der Nördliche Kammmolch und die Geburtshelferkröte haben im Neandertal überlebt.

In Serpentinen bahnt sich die Düssel ihren Weg durchs Tal. Nebelschwaden bilden sich frühmorgens über dem Flüsschen und ziehen landeinwärts über die Auenlandschaft. Bald ist der Nebel meterhoch. Langsam legt er sich auch über die Wiesen der Gehege, in denen uralte Tierarten ihren Lebensraum haben. Die Tarpane mit ihren silbergrauen Rücken werden in der Morgendämmerung zu kaum noch sichtbaren Silhouetten. Der Hengst der alten Wildpferderasse schnauft von Zeit zu Zeit, etwas weiter stehen die Auerochsen, eine Rückzüchtung des Rinds zu seiner Urform. Jetzt erreichen die Nebelschwaden das Gehege der Wisente. Ein Bulle mit seinen drei Kühen wirkt gefährlich, bis auch er im Nichts des milchigen Morgens verschwindet.

Vielleicht hat er es auch so gesehen, Mister N., der Global Player. □

MERIAN | TIPP

Rund um den Urmenschen

Anreise

Mit der S-Bahn S 8 Mönchengladbach – Düsseldorf – Hagen bis Haltestelle Hochdahl, dann noch ca. 15 Minuten Fußweg. Mit der Regiobahn S 28 Kaarst – Neuss – Düsseldorf – Mettmann bis zur Haltestelle Neanderthal. Bei der Anreise mit dem öffentlichen Nahverkehr erhalten Besucher einen Euro Preisnachlass auf den Eintritt.

Neanderthal Museum und Steinzeitwerkstatt

Das Museum bietet neben Führungen auch Workshops zur „erlebten Steinzeit" an. Dabei lernen die Teilnehmer unter anderem, mit Pfeil und Bogen zu schießen oder unter steinzeitlichen Bedimngungen Feuer zu machen. Alle Angebote des Museums richten sich an Kinder, Jugendliche und Erwachsene. Während der Schulferien und für Kindergeburtstage gibt es spezielle Angebote.

Informationen und Voranmeldungen
Tel. (021 04) 97 970
Talstraße 300
40822 Mettmann
www.neanderthal.de

Di-So 10-18 Uhr. Eintritt 7 €, Kinder 6-16 J. 4 €, Familien erhalten 20 Prozent Rabatt. Die Workshops kosten 30-107 €.

Fundstelle

Nur 400 Meter vom Museum entfernt liegt der Fundort des Neandertalers. Die Landschaftsarchitekten Cornelia Müller und Jan Wehberg haben das Gebiet als archäologischen Garten inszeniert. Visuelle Bausteine wie Steinkreuze, Zeitachse und Fluchtstangen berichten von der wechselvollen Talgeschichte, zu der es via Kopfhörer eine Audioführung gibt.

März bis Okt. 10-18 Uhr
Nov. bis Feb. 10-16 Uhr geöffnet

Wildgehege

In großen Freigehegen lassen sich Wildpferde, Auerochsen und Wisente bewundern, die zur Jagdbeute der Neandertaler zählten, und im Neandertal artgerecht gehalten werden. Der Rundgang dauert etwa 80 Minuten.

Kunstweg

Im Wald zwischen Museum und Wildgehege führt der „Kunstweg Menschenspuren" an zehn Skulpturen entlang. Er ist öffentlich und jederzeit zu besuchen. Wenn Sie sich im Museum einen Kopfhörer leihen, können Sie auch hier einen Audiotext hören.

Über Nacht

Hotel Restaurant Becher
Freundliches Familienhotel direkt neben dem Museum. Mo ist das Restaurant geschlossen u. Do erst ab 14.30 Uhr offen.
40822 Mettmann, Talstraße 310
Tel. (021 04) 755 54
www.hotelbecher.de
DZ/F 80 €

Essen und Trinken

Restaurant Im kühlen Grund
Ausflugslokal mit gutbürgerlicher Küche.
42781 Haan-Gruiten, Frinzberg 2
Tel. (021 04) 614 63
www.imkuehlengrund.de

Literatur

„Der Neandertaler" von Michael Bolus und Ralf W. Schmitz
Ralf W. Schmitz ist Archäologe und Dozent für Ur- und Frühgeschichte und hat den Fundort des Neandertalers wiederentdeckt.
Jan Thorbecke Verlag, 19,90 €

„Die Neandertaler" von Bärbel Auffermann und Jörg Orschiedt – Großzügig illustrierter Bildband über die Lebenswelt der Neandertaler.
Theiss Verlag, 36 Euro

Direktor Weniger und der Entdecker, Johann Carl Fuhlrott

So steht er heute im Herzen seiner Stadt und riskiert eine dicke Lippe: Jan Wellem vor dem Rathaus, mit Stab und Krone, fast wie ein König, der er niemals wurde

Wohlstand durch Schönheit

Große Kunst und große Feste – Kurfürst Johann Wilhelm II. machte Düsseldorf für 26 Jahre zur glänzenden Residenzstadt

Foto: Gerald Hänel

TEXT: ROLAND BENN

Wie an jedem Sommerabend sitzt der Kurfürst auf seinem Pferd, umringt von angetrunkenen Menschen, und schaut über die wogende Menge in der Altstadt. Auf dem Sockel seines Denkmals steht geschrieben, die Bürger hätten es dem Landesherrn zum Geschenk gemacht. Das lesen die Düsseldorfer gern, aber auch wenn es auf Latein dort steht: Es stimmt nicht. Die Inschrift ist rund 100 Jahre jünger als die Figur, und die Bürger stifteten nur den Sockel. Das Standbild ließ Johann Wilhelm II., Kurfürst von der Pfalz, Herzog von Jülich-Berg, Pfalzgraf von Neuburg, genannt Jan Wellem, sich selbst zu Ehren vom italienischen Bildhauer Gabriel de Grupello anfertigen.

Gleich um die Ecke in der Zollstraße steht das Gasthaus „En de Canon", in dem der Fürst gern mit seinen Untertanen gezecht haben soll. Auch das hören die Düsseldorfer gern, auch das stimmt nicht. Wenn Jan Wellem das Lokal betrat, um mit seinen Hofkünstlern zu trinken, so hatten es Gewöhnliche zu verlassen, und zwar schleunigst und rückwärts laufend.

Denn dieser Kurfürst war ein barocker Herrscher, wie er barocker kaum sein kann, und das heißt: überhaupt nicht volksnah, absolut und in all seiner Herrschaftsfülle so gottgewollt wie sein Zeitgenosse und Kriegsgegner Ludwig XIV. Das heißt aber auch: lebensnah, kunstsinnig, ausschweifend, sinnlich.

Fürst zu sein, das bedeutete in seiner Zeit, Ruhm und Macht anzustreben, die Königswürde zu erringen und möglichst den Beinamen „der Große" noch dazu. Dafür gab es durchaus unterschiedliche Wege. Der gewöhnliche war die Machtpolitik, die Parteinahme für eine der übrigen Mächte Europas, der Krieg. Der andere war der gesellschaftliche Ruhm, sprich Prachtentfaltung, höfische Lebensart, Förderung der Kunst und Schönheit. Jan Wellem wählte, nicht ganz freiwillig, den letzteren.

Dabei hatte er durchaus politische Ambitionen, gewiss wollte er König werden und wurde wahrscheinlich gelb vor Neid, als der Kaiser 1701 dem Brandenburger Kurfürsten zugestand, sich König in Preußen zu nennen. Gewiss ist auch, dass seine Pläne mehr Träume als Strategien waren. Schon sein Vater Philipp Wilhelm hatte den 15-Jährigen als Kandidaten für die polnische Krone ins Spiel gebracht, er selbst versuchte mitzumischen, wenn irgendwo in Europa ein Thron frei wurde. Jahrelang zeigte er allen sein Interesse an den Spanischen Niederlanden, ein Friedensplan für die Zeit nach dem Spanischen Erbfolgekrieg sah sogar ernsthaft vor, für Jan Wellem ein Königreich aus Sizilien, Sardinien und den Balearen zusammenzuwürfeln. 1695 ereilte ihn der skurrilste Vorschlag: Wenn er, so ein Abgesandter, dem armenischen Volk gegen das persische Joch hülfe, könne er König im Kaukasus werden.

All dies konnte er verfolgen, ohne sich lächerlich zu machen, denn die Pfälzer Kurfürstenfamilie hatte den Kontinent gut im Griff: Jan Wellem hatte nicht weniger als 16 Brüder und Schwestern, von denen 13 das Erwachsenenalter erreichten, eine Geschwisterschwadron, die ganz Europa mit einem Netz aus verwandtschaftlichen Verpflichtungen und Zuneigungen überzog. Seine Schwestern heirateten den Kaiser Leopold in Wien, den König von Spanien und den von Portugal, den

So gefielen sie sich und allen anderen: der Fürst und seine Frau Anna Maria Luisa, von Hofkünstlern idealisiert

Prinzen von Polen und den Herzog von Parma; die Brüder ehelichten diverse Fürstentöchter, bis auf vier, die als Bischöfe und Fürstbischöfe Macht erlangten. Johann Wilhelm selbst heiratete nach ganz oben: 1678 nahm er Maria Anna Josepha zur Frau, die Halbschwester seines Schwagers, des deutsch-römischen Kaisers Leopold I. Eine Liebesheirat, wie man sagt, und eine unglückliche dazu. Zwei Kinder starben bei der Geburt, die Herzogin wurde nur 34 und starb 1689.

Ein Jahr später starb auch Jan Wellems Vater und vererbte die pfälzische Kurfürstenwürde. Damit hätte der Sohn eigentlich aufs Heidelberger Schloss gehört, aber das hatten die Franzosen ebenso zerstört wie den Rest der Kurpfalz. Und weil der Katholik Jan Wellem nicht viel zum Schutze der Evangelischen unternommen hatte, war er in der von den Franzosen zwangskatholisierten Pfalz auch ausgesprochen unbeliebt. Jan Wellem lebte in seiner Geburtsstadt Düsseldorf viel komfortabler, er war seit seiner Hochzeit Herzog von Jülich-Berg, ein Titel, den sein Großvater sich 1614 erstritten hatte. Der hatte Düsseldorf ausgebaut und ziemlich unbeschadet durch den Dreißigjährigen Krieg laviert, was Jan Wellem nun zugute kam. Er war ein bergischer Rheinländer, obwohl er stets mehr Wein als Bier im Blut hatte.

Hätten seine Königsträume Erfolg gehabt, er hätte fortgemusst. Hätte Frankreich nicht so gewütet, er hätte in den Süden ziehen müssen. So aber blieb er in Düsseldorf. Damit begannen 26 Jahre, in denen die Stadt derart erblühte, dass sich alle Höfe Europas den Kopf nach ihr verdrehten. Das prägt die Stadt bis heute.

Jan Wellem wollte seine Heimat zu einer glänzenden Residenz aufplustern. Düsseldorf sollte um das Dreifache anwachsen, er unterstützte katholische Kirchen und Klöster bei Bauvorhaben, trieb die Bebauung der Zitadelle voran und umstellte den Hof mit Oper, Marstall, Pagenhaus, Kasernen und Wirtschafts- und Verwaltungsgebäuden. Ein Machtzentrum sollte entstehen, wie es einem König gebührte, eine Metropole, deren Glanz den von Paris überstrahlen sollte. Das nahm Jan Wellem ganz wörtlich und ließ 383 Laternen aufstellen, die das ganze Jahr über brannten

Die Stadt vedrehte ganz Europa den Kopf

und nicht nur im Winter, wie in der Stadt Ludwigs XVI. Auch sollten Neubauviertel für 20 000 Menschen entstehen. Von all dem sieht man heute nichts, weil etliche dieser Pläne am Ende in der Schublade landeten.

Der frischgebackene Kurfürst nahm Anna Maria Luisa zur zweiten Frau, eine Prinzessin aus der toskanischen Familie der Medici. „Die Prinzessin gewinnt immer mehr an Liebreiz. Sie ist von großem Wuchs, ihre Haare sind tiefschwarz. Ihre Augen sprühen voller Leben und Esprit, sie schreitet sehr graziös ...“, schrieb ein französischer Gesandter in Florenz über sie. Die Heirat war dennoch mehr ein politischer als erotischer Vorgang, aber eine der folgenreichsten Ehen der Epoche. Mit der kunstsinnigen Südländerin kam die Schönheit aus Florenz nach Düsseldorf.

Gemeinsam ergänzten die beiden den politischen Ausbau der Stadt um den künstlerischen. Auch hierbei kamen ihnen ihre europaweiten Beziehungen zugute: Mit den eng verwandten Höfen in Wien und Florenz wurden Opernlibretti und -partituren ausgetauscht. 1696 wurde das Düsseldorfer Opernhaus eröffnet, schon im folgenden Jahr gab es allein vier Inszenierungen, 1710 und 1711 weilte dann gar der damalige Superstar der europäischen Musikszene, Georg Friedrich Händel, in der Residenzstadt.

Aber was das Fürstenpaar vor allem auszeichnete, war seine Leidenschaft für die Malerei. Ein ganzes Netzwerk von Agenten leitete Kunstankäufe in Italien, Spanien und den Niederlanden ein. So wuchs in Düsseldorf eine der bedeutendsten Kunstsammlungen der Zeit heran, Bilder von Michelangelo, Raffael, Caravaggio und vor allem Rubens waren darunter.

Jan Wellem holte Künstler der führenden Schulen nach Düsseldorf, machte sie im „En de Canon“ betrunken und ließ sie bindende Verträge unterschreiben. Jan Frans Douven, Adriaen van der Werff und Gabriel de Grupello arbeiteten Jahrzehnte für den Hof. Die Zahl der Bilder wuchs und wuchs, mehr ein Sammelsurium als eine Sammlung, bis der Fürst ab 1709 eine Galerie bauen ließ.

Das Geld für all diese Aktivitäten musste er sich sich von Fall zu Fall zusammenraffen. Der Magistrat der Stadt wurde zur Kasse gebeten, und als er sich wehrte, von Jan Wellem als „Hauffen Esell und Idioten“ beschimpft. Auch die Landstände wurden nicht verschont, weigerten sich aber schon erfolgreicher. Woher das Geld kam, ist nur ungenau überliefert, aber einen erheblichen Teil zahlten wohl England, die Niederlande sowie der deutsche Kaiser, denen er dafür Truppen zur Verfügung stellte. Blut für Ölgemälde, dieser Deal machte ihm kein schlechtes Gewissen, allein die Kunst war ihm wichtig. Was Jan Wellem zusammentrug, repräsentierte nicht nur die Malerei Europas seit der Renaissance, sondern gab auch die neuesten Tendenzen seiner Zeit wieder.

Düsseldorf leuchtete und musizierte, es lockte Menschen aus ganz Europa zum Besuch, es überstrahlte manchen Königssitz. Fraglich ist, ob das Fürstenpaar noch lange so hätte auftreten können, ohne pleitezugehen. Dann aber erkrankte der Herrscher und starb 1716. Er wurde 58 Jahre alt und hinterließ keine Kinder, Anna-Maria Luisa war allein und 50 Jahre alt.

Jan Wellems Tod war das Ende Düsseldorfs als Residenzstadt. Anna-Maria Luisa verließ die Stadt ein Jahr später; mit 80 Bediensteten und dem Teil des Kunstschatzes, der ihr gehörte, zog sie zurück in ihre Heimatstadt Florenz, der sie sämtliche Gemälde vermachte.

Die späteren Pfälzer Kurfürsten residierten in Heidelberg, Mannheim oder München. Und sie nahmen den Hauptteil der Gemäldesammlung mit, der Grundstock der Alten Pinakothek in München wurde. Wer am Hofe verdient hatte, verließ nun Düsseldorf, die Stadt schrumpfte und verarmte, die Musik verklang, die Lichter gingen aus: Der Magistrat weigerte sich, das Öl für die üppige Befeuerung der Wellemschen Laternen zu bezahlen. Zwei Dinge haben dennoch bis heute in Düsseldorf überdauert: die Liebe zur Kunst und zum Feiern. □

Die Freiheit eines Narren

Das ehemalige Straßenbahndepot in Bilk ist Tillys Werkstatt, zähnefletschende Tiger schmücken den Prinzenwagen

Nirgends ist der Karneval so frech wie in Düsseldorf. Das liegt auch an Jacques Tilly, der jedes Jahr bis zu 30 Wagen kreiert. Der Spaßrebell hat sich eine unangefochtene Monopolstellung aufgebaut – und angemalt

TEXT: THOMAS MADER, FOTOS: GERALD HÄNEL

Theorie will Praxis sein

Der Karneval, diese Erkenntnis verdanken wir Jacques Tilly, ist im Grunde seines Wesens Zen. Sicher ist Ihnen Zen schon mal begegnet. Einige Lifestyle-Produkte wie MP3-Spieler haben neuerdings dieses Wort im Namen – und sicher kann man den Karneval ebenso als Lebensstil auffassen wie als konsumierbares Produkt. Aber wir meinen hier tatsächlich die fernöstliche Lehre: den Zen-Buddhismus. Was das ist, muss man nicht verstehen. Soll man auch nicht, denn Zen beinhaltet Rätsel, die sich nicht ganz auflösen lassen. Zen will narren – was in Asien wie in Düsseldorf gleichbedeutend sein kann mit erleuchten. Der Zen-Schüler also soll lernen, dass alle Theorie einfach nur Praxis sein will. Und zu diesem Zweck gibt der Meister ihm Rätsel auf, die meist zwei Lösungswege anbieten, die aber beide unmöglich sind. Zum Beispiel: Eine Gans steckt in einer Flasche – und wie bekommst du sie jetzt heraus, ohne die Flasche kaputt zu machen oder die Gans zu verletzen? „Die Aufgabe des Schülers besteht nun darin", erklärt Jacques Tilly, „einen dritten Weg zu finden. Er muss die irdischen Trampelpfade der Logik verlassen." Und das ist doch ein sehr rheinisches Anliegen.

Jacques Tilly also ist Rheinländer, und er ist der Wagenbaukünstler des Düsseldorfer Rosenmontagszuges. Als solcher ist Tilly auch Karikaturist und wandelt permanent zwischen zwei Unmöglichkeiten: dem Bedürfnis nach Polemik und dem nach politischer Korrektheit, zwischen gewünschter Schärfe und drohenden Klagen, zwischen Karneval und Niveau. Und wenn der Grat zu schmal wird, denkt Tilly an Zen. Wo es eine fünfte Jahreszeit gibt, muss sich auch ein dritter Weg finden. Zum Beispiel 1994, als

Papst oder Präsident: Wer welches Fett abbekommt, ist bis zum Rosenmontag streng geheim, Beschwerden werden erst ab Aschermittwoch angenommen

So geht's: Erst Draht auf Holzgestell, dann Papier mit Knochenleim und dann so viel Farbe, dass die Figur auch einen „Zoch" bei Regen übersteht

Alle neun politischen Wagen sind von Tilly gestaltet, etliche andere noch dazu. Kurfürst Jan Wellem, hoch zu Ross und einst ein großer Freund des Feierns, hätte das gefallen

Die Schärfe soll wirken

er Bundeskanzler Helmut Kohl als halbnackten Indianerhäuptling mit „kleinem Pimmelchen" auf den „Zoch" schicken wollte. Der anatomisch korrekte Entwurf fand in der Presse eine gewisse Beachtung, und Kohls Anwalt drohte mit einer einstweiligen Verfügung: „Das Ding muss ab!" Die Lösung war eine vorgeschobene Topfpflanze aus dem Gartencenter – die leider nicht sehr gut befestigt wurde und während des Zugs umkippte.

Solche und deutlich härtere Schelmereien haben dem Düsseldorfer Rosenmontagszug den Ruf eingebracht, der frechste der Republik zu sein. Als die Kölner Narren 1997 beim Bund Deutscher Karnevalisten ein Busenverbot durchsetzten, da schickten die Düsseldorfer einen Wagen mit überdimensionierten Möpsen los. Typisch! Die Kölner sagen den Nachbarn nicht von ungefähr Wadenbeißerei nach – aber wer hier den Minderwertigkeitskomplex hat, ist nicht eindeutig zu klären. Denn es ist ja zugegeben so: Größer ist der Karneval in Köln und medienstärker der in Mainz (weil hier das ZDF mitsingt und -lacht); das Alleinstellungsmerkmal von Düsseldorf aber ist Tilly. Oder besser: die Narrenfreiheit, die er genießt.

Seit 1983 baut Tilly Wagen in Düsseldorf, noch bevor er in Essen Kommunikationsdesign studierte und politische Kampagnen designen wollte. Ein Freund holte den Zwanzigjährigen mit dem Künstlerimage zum Karneval. Er baute einen birnenhaften Kanzler, der mit Sonnenbrille und Colaflasche aussitzt, dass hinter ihm ein Krake namens Wirtschaftskrise aus den Untiefen steigt – sein Professor an der Essener Universität entwarf zu dieser Zeit Wahlkampf-Ideen für die CDU.

Zehn Jahre später machte sich Tilly in einem alten Straßenbahndepot selbstständig (im Sommer baut er Figuren für Messen oder Diskos), doch seine Sonderstellung im Karneval sollte er erst 2000 erringen. Davor wurden alle Entwürfe für Karnevalswagen in Ausstellungen gezeigt, von Wirtschaft und Medien am Runden Tisch mit Punkten bewertet und über die Presse öffentlich diskutiert. Doch dann wurde ein Motiv zum Politikum. Es zeigte die ehemalige Oberbürgermeisterin Marlies Smeets (SPD) mit einem Dolch im Bauch. Kurz zuvor war sie ihrem Rivalen Joachim Erwin (CDU) knapp in einer Stichwahl unterlegen. Smeets geißelte den Wagenentwurf als „geschmacklos, menschenverachtend und noch dazu frauenfeindlich". Zumindest der letzte Vorwurf ist ungerecht. Tilly hätte auch Erwin so dargestellt. Smeets aber war nicht zu besänftigen, auch nicht durch den Vorschlag, den Dolch durch eine Biene zu ersetzen. Der Wagen wurde gestoppt. Und im selben Jahr wurde die Diktatur eingeführt.

„Jetzt ist Schluss. Wir zeigen nix mehr vorher", sagte der Geschäftsführer des Comitees Düsseldorfer Carneval, Jürgen Rieck. Seine Gremien musste er nicht groß überzeugen. Welcher Büttenredner verteilt denn vorher ein Flugblatt mit seinen Witzen? Das sieht jeder Jeck ein. Und richtig demokratisch war die Findungsmethode vorher auch nicht, höchstens medienoligarchisch. „Man hat immer schon mit der Schere im Kopf gezeichnet", sagt Tilly. Aber das ist nun vorbei. Über den Künstler Tilly wacht nur mehr ein Triumvirat aus Rieck, dem Karnevalsvereinspräsidenten Engelbert Oxenfort und Zugleiter Hermann Schmitz, der immer noch gern sagt: „Beschwerden nehmen wir erst Aschermittwoch an." Sie alle wollen scharfe Satire und ja, auch Wirkung. Der Wille zur Wirkung, das ist vielleicht auch etwas typisch Düsseldorferisches, oder wie Tilly sagt: das Prinzip „Kawuppdizität".

Das ist so erfolgreich, dass die Kölner nicht umhin konnten, ebenfalls Geheimwagen einzuführen, allerdings nur zwei. Und 2007 startete man gar den verzweifelten Versuch, Tilly abzuwerben. Aber Architekten bauen wohl am liebsten in Diktaturen. Und warum sollte Tilly auch „kantenfreien Karneval" machen wollen? „Köln ist ein über die Jahrhunderte durchpfaffter Boden", sagt er. „Der Dom wirft seinen Schatten, die Wagen werden zum Teil vom Weihbischof eingesegnet mit Wedel und Wasser." Nein, dazu ist es noch nicht gekommen in Düsseldorf.

Auch wenn engagierte Christen wie Präsident Oxenfort in Führungspositionen sitzen. Aber Düsseldorf ist ja auch nicht reinrassig katholisch, weshalb die Teilnahme am Karneval hier eine freiwillige Entscheidung bleibt. Nicht vorstellbar wäre in Köln wohl ein Wagen, der Kardinal Meisner zeigt, wie er eine Frau, die abgetrieben hat, auf dem Scheiterhaufen anzündet. Überschrift: „Traditionspflege". Brachial, auch aus Tillys Sicht. Aber hatte nicht Meisner die Wahl der Waffen, als er 2005 abtreibende Frauen mit den Mördern des Naziregimes verglich?

Wir müssen an dieser Stelle noch klarstellen, dass Tilly keineswegs Buddhist ist – und auch nicht katholisch, wie es sich für einen Rheinländer gehörte. Die Düsseldorfer haben ihren Zoch einem aktiven Agnostiker anvertraut! Einem philosophisch Interessierten, der „der Sekte der Ungläubigen" angehört (und deshalb in der religionskritischen Giordano-Bruno-Stiftung aktiv ist). Zen ist für ihn kein Glaube, sondern eine Übung: Opposition gegen das eigene Vernunftdenken. Mein Gott, ist das kompliziert. Und eigentlich ganz einfach: Tilly ist eben Zen-Nichtbuddhist. Ein nach eigenem Bekunden „sehr diesseitsorientierter Lustmolch", der sich daran stört, „wenn man das Diesseits diskriminiert, um das Jenseits besser leuchten zu lassen". Nun, wahrscheinlich ist es sogar folgerichtig, dass Heines Heimatstadt einen Humanisten als Karikaturisten beschäftigt – denn diese Satire ist ein Kind der Aufklärung. Und der Satiriker nach Tucholsky nichts anderes als ein gekränkter Idealist.

Kardinal Meisner ist also neben dem verflossenen US-Präsidenten George W. Bush Tillys liebster Punching Ball, obwohl er ihn gar nicht so oft haut, wie er vielleicht möchte. „Der Rosenmontagszug", zügelt er sich selbst, „darf niemals eine ideologische Ein-Mann-Show sein. Anstand ist, wenn man weiß, wie weit man zu weit gehen darf." Über seinen Bush, der ein Kreuz als Maschinengewehr benutzt, hat sich jedenfalls keiner so aufgeregt wie damals über die drei Jecken aus Pappmaché, die er ans Kreuz nagelte, als 1996 der Streit um Kruzifixe in bayerischen Klassenzimmern Wellen schlug. Tilly musste sich Gotteslästerung vorwerfen lassen (Jesus als Clown), Antisemitismus (Christus, ein Jude) und wie so oft Menschenverachtung. Dabei ging es Tilly wie so oft um das Recht auf Meinungsfreiheit – mehr noch: Narrenfreiheit – und um weltanschauliche Bescheidenheit. Als darauf „die Kirche massiv daran ging", so schreibt der Chronist Udo Achten, „dem Karneval auch noch die Sponsoren abspenstig zu machen, wurde die Situation für das Comitee Düsseldorfer Carneval allmählich existenzbedrohend." Der Wagen wurde nicht weitergebaut. Und wieder: eine typische Tilly-Lösung. Bedeutsam verhüllt in Christo-Manier gingen die Kreuze dennoch auf den Zug – an letzter Stelle und mit der Aufschrift: „Ersatzlos gestrichen".

Immer wieder läuft es auf das eine Tabu hinaus, und immer wieder besteht Tilly darauf: „Ich nehme es in Kauf, dass einige Menschen glauben, durch meine Wagen seien ihre religiösen Gefühle verletzt worden. Ich sehe nicht ein, warum diese religiösen Gefühle mehr geschützt werden müssen als andere menschliche Gefühle. Es wird eben niemand ausgeschlossen – auch nicht, indem er verschont wird." Tatsächlich wurde Tilly oft vorgeworfen, dass er bei Christentum und Islam mit zweierlei Maß draufhaut. Darstellungen des Propheten Mohammed oder des Korans sind tabu. Zur Verteidigung aber sagt er, die moderaten Moslems sollen seine Kritik annehmen können, den Reformern unter ihnen will er nicht in den Rücken fallen. Und man muss sehen, dass er 2006 auf dem Höhepunkt des Karikaturenstreits der einzige war, der das Thema karnevalisierte. Fast täglich starben Menschen,

Arbeiten für nur einen Tag: Tilly entwirft in seinem Atelier, am Faschingsdienstag ist alles vorbei

Karikaturisten wurden bedroht und mussten sich verstecken. Tilly ließ zwei Narren einen Sarg tragen, in dem ein blutiger Krummdolch steckte, und auf dem Sarg stand „Meinungsfreiheit". Er wurde auf Titelblättern und bis in die Tagesschau gezeigt. Im folgenden Jahr legte er noch einen drauf mit zwei identischen turbantragenden Selbstmordattentätern: „Klischee" und „Wirklichkeit".

Tilly liebt das Plakative, bewusst hat er sich gegen die freie Kunst entschieden. Dabei ist er im Stadtteil Oberkassel mit Blick auf die Kunstakademie aufgewachsen. Aber Bronze und Beton? Lieber Ex und Hopp! Die Leichtigkeit entspricht seinem Wesen – so wie er den Zen-Buddhismus auch als Wind begreift, der über die Landschaft fliegt, sich überall anpasst, aber nirgendwo stehen bleibt. Zen ist die Kunst, jedem Augenblick frisch zu begegnen. Und danach ist Tilly süchtig: schnell Wirkung, dann Neues. Er macht eigentlich nichts anderes. „Mein Name ist Jacques Tilly, ich bin Workaholic" – die anonyme Runde klatscht (und darunter wohl auch seine Partnerin und die zwei Söhne).

Klar, dass so einer sich nicht ins Vereinswesen pressen lässt. Die Düsseldorfer akzeptieren das. Vielleicht, weil sie spüren, dass Tilly um so mehr das rebellische Element des Karnevals verkörpert. Die Fähigkeit, die Verhältnisse umzudeuten. Der Narr ist Herrscher. Mehr ist Weniger. Und Saufen ist die neue Nüchternheit. So wie der Düsseldorfer Erzschelm Hoppeditz jedes Jahr aufs Neue aufersteht, weil der Tod per Akklamation zum Leben wird, so geht es auch der Gans, die noch immer in ihrer Flasche auf die Freiheit wartet. Da der Schüler in dem alten Zen-Rätsel nach langem Grübeln nicht weiterweiß, klatscht der Meister einfach in die Hände und erklärt: „Sie ist bereits draußen." □

MERIAN | KARNEVAL

Wagen, Tunten, Böse Buben

Der Zug und seine Wagen

Die rund 30 Wagen, die Jacques Tilly jedes Jahr gestaltet, entstehen zunächst an seinem Schreibtisch als farbige Zeichnung. Diese Entwürfe werden von einem mehr als zwölfköpfigen Team umgesetzt. Materialien sind Maschendraht (rund 260 Meter pro Wagen) und in Knochenleim getunktes Spezialpapier.
Die Figuren sind möglichst hohl und leicht, müssen aber wetterfest sein. Deswegen werden sie mit mehreren Lagen Acrylfarbe bemalt. Man unterscheidet zwei Arten von Wagen: Die der Karnevalsgesellschaften sind dekorativ oder beschäftigen sich mit Lokalthemen. Die Bundes- und Weltpolitik dagegen fährt in Form der Mottowagen auf, die der Dachverband in Auftrag gibt. Diese politischen Wagen (die einen eher geringen Teil von Tillys Arbeit ausmachen) werden ganz zum Schluss gebaut, während man die anderen Wagen im Oktober anfängt zu bauen. In Düsseldorf will man am großen Tag möglichst aktuell sein, denn für die riesigen Figuren ist schon am Veilchendienstag alles vorbei.

Wie feiert man Karneval?

Hoppeditz Erwachen: Die Session beginnt am 11.11. um 11.11 Uhr auf dem Marktplatz. Der Hoppeditz steigt aus einem Senffass und liefert sich ein Büttenredenduell mit dem Oberbürgermeister.
Altweiberfastnacht: Um 11.11 Uhr stürmen die Möhnen das Rathaus und nehmen dem Oberbürgermeister Schlüssel und Schlips ab. Danach geht's in die Kneipen.
Tuntenlauf: Am Karnevalssamstag gegen 18 Uhr wird die Kö zur Rennstrecke für Drag Queens.
Böse Buben Ball: Kostümierung ist alles bei der Riesenparty am Samstag auf den Rheinterrassen. Karten sollte man weit im Voraus besorgen.
Karnevalssonntag: In der Altstadt treffen sich die Familien, gegen Mittag beginnt der Kinderumzug auf der Königsallee.
Rosenmontag: Der Zug besteht meist aus 65 bis 70 Wagen, erstreckt sich über rund 6,5 Kilometer Länge und hinterlässt rund 40 Tonnen Kamelle.
Kneipenkarneval: Überall in Düsseldorf, Epizentrum sind jedoch die Ratinger Straße und die Bolkerstraße.

>> mehr Informationen zum Thema auf Seite 134

Bildnachweis

Anordnung im Layout:
l = links, r = rechts, o = oben,
u = unten, m = Mitte.
Titel: Thomas Mayer; S. 3 lo Michael Müller, ru Norbert Schmidt; S. 4/5, S. 4 ro, ru, S. 5 ro Gerald Hänel, S. 5 lm Dorothea Schmid, S. 5 ru Norbert Schmidt; S. 6 o Stadtarchiv Düsseldorf, m Flughafen Düsseldorf GmbH, u Herby Sachs; S. 8 o Uwe Weber, rm Sven Simon/dpa picture-alliance; lm, Gerald Hänel; S. 10 o Donata Wenders dpa picture-alliance, lm, l außen, ru Gerald Hänel, rm Dieter Lepiorz, lu Jörg Napiwotzki; S. 12/13 bis 24/25, S. 30 bis 38 Gerald Hänel; S. 40/41 bis S. 47 Dorothea Schmid; S. 48 o, 49 u, 50 o Gerald Hänel, S. 48 m Aquazoo/Löbbeke Museum; S. 49 o Gerald Kasten, S. 49 m Luise Kimme; S. 52/53 bis S. 56 Dorothea Schmid; S. 58/59 bis S. 64 o, 66 u Gerald Hänel, S. 64 HF/Prinz Düsseldorf, S. 66 o Hilmar Träger/Prinz Düsseldorf; S. 68/69 Joerg Koch/AFP/Getty Images; S. 70 WWW.MIKAELO LSSON.SE, S. 70/71 Wilfried Petzi, S. 68/69, 70/71, 72 o Courtesy: Monika Sprüth/Philomene Magers/VG Bild-Kunst, Bonn 2009, S. 72/73 u v.l.n.r. Michael Kolvenbach, Thomas Müller/Agentur Focus/VG Bild-Kunst, Bonn 2009, epa efe Jose Huesca/picture-alliance, Robert Brembeck/Visum, The New York Times/Redux/laif; S. 74/75 bis S. 81 Norbert Schmidt; S. 82 aus dem Buch Düsseldorf wie es war/Droste Verlag: l,r Stadtarchiv Düsseldorf/Julius Söhn; S. 83 l Horst Ossinger/dpa picture-alliance, r Gerald Hänel; S. 84/85 bis 89 Christoph Otto; S. 90 Gerald Hänel: S. 91 l akg-images, r Domingie Rabatti/akg-images; S. 94/95 bis 100 Gerald Hänel; S. 105 bis 110/111, S. 114 bis 116 Gerald Hänel; 110/111 VG Bild-Kunst, Bonn 2009; S. 112 Dorothea Schmid; S. 118/ 119 PR Fotos S. 120/121, 122 bis 128, S. 135 Gerald Hänel; S. 130 Sutton Verlag 2003; S. 138 o, lm Jörg Modrow, rm Helmut Wachter

Die Gebäude im Medienhafen fotografierte Thomas Mayer

MERIAN

Heft 6/2009, Juni, Erstverkaufstag dieser Ausgabe ist der 28. 5. 2009
MERIAN erscheint monatlich im Jahreszeiten Verlag GmbH, Poßmoorweg 2, 22301 Hamburg
Telefon 040/27 17-0 **Anschrift der Redaktion:** Postfach 601728, 22217 Hamburg
Telefon 040/27 17-26 00, Fax 040/27 17-26 28, E-Mail: redaktion@merian.de
Leser- und Aboservice: Postfach 601220, 22212 Hamburg, Tel. 040/87 97 35 40, Fax 040/27 17-20 79
Syndication: www.jalag-syndication.de
GourmetPictureGuide: Stefanie Lüken, Telefon 040/27 17-20 02, Fax 040/27 17-20 89, www.gourmetpictureguide.de
Internet: www.merian.de

Herausgeber: Manfred Bissinger
Chefredakteur: Andreas Hallaschka
Stellvertretender Chefredakteur: Hansjörg Falz
Art Directorin: Sabine Lehmann **Chef vom Dienst:** Tibor M. Ridegh **Textchefin:** Kathrin Sander
Redakteure: Charlotte von Saurma; Roland Benn, Thorsten Kolle, Jonas Morgenthaler (freie Mitarbeit)
Schlussredaktion: Tibor M. Ridegh **Layout:** Dorothee Schweizer (stellv. Art Directorin)
Cornelia Böhling, Ingrid Koltermann (Schlussgrafik) **Bildredaktion:** Katharina Oesten, Eva M. Ohms
Redakteur dieses Heftes: Roland Benn **Bildredakteurin dieses Heftes:** Eva M. Ohms
Kartographie: Peter Münch **Dokumentation:** Jasmin Wolf; freie Mitarbeit: Stefanie Plarre, Sebastian Schulin
Mitarbeit: Helmut Golinger, Katharina Przybylski
Herstellung: Karin Harder **Redaktionsassistenz:** Sabine Birnbach, Katrin Eggers
Geschäftsführung: Joachim Herbst, Dr. Jan Pierre Klage, Peter Rensmann, Hermann Schmidt
Verlagsleitung Premium Magazine: Oliver Voß
Group Head Anzeigen Premium Magazine: Roberto Sprengel **Anzeigenleitung:** Sabine Rethmeier
Anzeigenstruktur: Patricia Hoffnauer **Marketing:** Kenny Machaczek, Justus Hertle, Sonja Wünkhaus
Vertrieb: PSG PREMIUM SALES GERMANY GmbH, Poßmoorweg 2-6, 22301 Hamburg
Vertriebsleitung: Jörg-Michael Westerkamp (Zeitschriftenhandel), Frank H. Häger (Buchhandel)
Verantwortlich für den redaktionellen Inhalt: Andreas Hallaschka
Verantwortlich für Anzeigen: Roberto Sprengel

Verlagsbüros Inland: Hamburg: Tel. 040/27 17-25 95, Fax 040/27 17-25 20, E-Mail: vb-hamburg@jalag.de
Hannover/Berlin: Tel. 0511/85 61 42-0, Fax 0511/85 61 42-19, E-Mail: vb-hannover@jalag.de
Düsseldorf: Tel. 0211/901 90-0, Fax 0211/901 90 -19, E-Mail: vb-duesseldorf@jalag.de
Frankfurt: Tel. 069/97 06 11-0, Fax 069/97 06 11-44, E-Mail: vb-frankfurt@jalag.de
Stuttgart: Tel. 07 11/966 66-520, Fax 07 11/966 66 -22, E-Mail: vb-stuttgart@jalag.de
München: Tel. 089/99 73 89-30, Fax 089/99 73 89-44, E-Mail: vb-muenchen@jalag.de

Repräsentanzen Ausland:
Belgien/Frankreich: Adnative sarl, Tel. +33/1/53 64 88 90/91, Fax +33/1/45 00 25 81
E-mail: paris@adnative.net <mailto:imc@international.fr>
Großbritannien: Publicitas Ltd, Tel. +44/20/7592 8300, Fax 7592 8301, E-Mail: jeremy.butchers@publicitas.com
Österreich: Publimedia Internationale Verlagsvertretungen GmbH, Tel. +431/211 5342, Fax 212 16 02
E-Mail: andrea.kuefstein@publicitas.com
Schweiz: Publicitas International AG, Tel. +41/61/275 46-09, Fax 2754730,
E-Mail: basel-international-magazines@publicitas.com
Italien: Media & Service International Srl, Tel. +39 02/48 00 61 93, Fax +39 02/48 19 32 74,
E-Mail: info@it-mediaservice.com
Spanien: Alcalá Media International Media Representations, Tel. +34/91/3269106, Fax +34/91/3269107,
E-Mail: m.vandereb@alcalamedia.com
Dänemark: über Verlagsbüro Hamburg
Niederlande: über Verlagsbüro Düsseldorf
Luxemburg: über Verlagsbüro Frankfurt

Die Premium Magazin Gruppe im Jahreszeiten Verlag

A&W Architektur & Wohnen COUNTRY DER FEINSCHMECKER WEIN Gourmet MERIAN

Gültige Anzeigenpreisliste: Nr. 41
Das vorliegende Heft Juni 2009 ist die 6. Nummer des 62. Jahrgangs.

Preis im Abonnement im Inland monatlich 6,79€ inklusive Zustellung frei Haus. Der Bezugspreis enthält 7% Mehrwertsteuer. Auslandspreise auf Nachfrage. Postgirokonto Hamburg 132 58 42 01 (BLZ 200 100 20)
Commerzbank AG, Hamburg, Konto-Nr. 611657800 (BLZ 200 400 00)
Führen in Lesemappen nur mit Genehmigung des Verlages. Printed in Germany

Weitere Titel im Jahreszeiten Verlag: Für Sie, petra, vital, PRINZ, A&W Architektur & Wohnen, COUNTRY, DER FEINSCHMECKER, WEINGourmet, schöner reisen, Zuhause Wohnen, selber machen
Litho: Alphabeta Druckformdienst GmbH, Hamburg. Druck und Verarbeitung: heckel GmbH, Nürnberg,
ISBN: 978-3-8342-0906-1, ISSN 0026-0029 MERIAN (USPS No. 011-458) is published monthly.
The subscription price for the USA is $ 110 per annum. K.O.P.: German Language Publications, Inc., 153 South Dean Street, Englewood NJ 07631. Periodicals postage is paid at Englewood NJ 07631, and at additional mailing offices. Postmaster: send address changes to: MERIAN, German Language Publications, Inc. 153 South Dean Street, Englewood NJ 07631.

JAHRES ZEITEN VERLAG
Ein Unternehmen der
GANSKE VERLAGSGRUPPE

MERIAN

SEHENSWERT ESSEN & TRINKEN ÜBER NACHT EINKAUFEN GESCHICHTE KARTEN BÜCHER KUNST

TIPPS Das sollten Sie bei einem Besuch in Düsseldorf nicht versäumen

>> Rheinuferpromenade Auf seiner gesamten Strecke von Schaffhausen bis Rotterdam wird Vater Rhein nirgendwo mit so einer Zuschauertribüne geehrt wie hier.

>> Medienhafen Ein solches Ensemble wagemutiger Bauten finden Sie so schnell in keiner anderen Stadt. Und Sie können, besonders an schönen Tagen, Ihre Freude mit tausenden staunenden Besuchern teilen.

>> Glasdach auf dem Ständehaus Das alte Parlamentsgebäude ist innen eine weiß schimmernde Perle. Unter der riesigen Glaskuppel schwebt man knapp über den Dächern der Stadt. Mal ganz abgesehen von der exquisiten Auswahl des hier beheimateten Kunstmuseums K21.

>> Altstadt Wenn Sie gutes Bier mögen sowieso. Auch wenn Sie gut essen gehen wollen. Am erstaunlichsten aber ist, wie sich das etwas unterkühlte, von Nachkriegsbauten dominierte Düsseldorf von einer Straße zur andern in eine warmherzige Kleinstadt verwandelt.

>> Schloss Benrath Eine der schönsten Park- und Gartenanlagen Deutschlands. Am stilvollsten genießen Sie sie bei einem sommerlichen Konzert mit Picknick und Schampus.

>> Blick vom Rheinturm Aus 170 Metern Höhe sehen Sie auf der einen Seite den Medienhafen glitzern, auf der anderen liegt wie ein Wirbel der runde Landtagsbau. Und wenn Sie den Blick heben, sehen Sie im Norden das Ruhrgebiet und im Süden Köln.

Foto: Gerald Hänel

Mittagspause: Fünf Düsseldorfer sitzen, stehen oder liegen auf der Fußgängerbrücke in Medienhafen

MERIAN | KAISERSWERTH

Zuflucht für Mönche und Kaiser

Düsseldorfs Norden überrascht mit seiner Vergangenheit und mit schönen barocken Häuserzeilen

Schon Jahrhunderte bevor Düsseldorf zum ersten Mal urkundlich erwähnt wurde, stand in **Kaiserswerth** ein Kloster. Gegründet hat es um 700 der angelsächsische Mönch Swidbert, der auf der damaligen Flussinsel („Werth") Zuflucht fand. Auch der Vorläufer der späteren Stiftskirche geht auf diese Zeit zurück. Die heutige **Basilika** entstand zwischen dem 11. und 13. Jh. In ihrem Innern steht der **Schrein des heiligen Swidbert,** ein Beispiel kostbarer mittelalterlicher Goldschmiedekunst. Ein Spaziergang durch die Straße **An Sankt Swidbert** und über den **Kaiserswerther Markt** führt an vielen barocken Wohn- und Siedlungsbauten vorbei. Auch das **Alte Zollhaus** von 1635 kann man besichtigen. Etwas weiter südlich erhob sich schon im 11. Jh. unter Heinrich III. eine **Kaiserpfalz**.

Heute frei passierbar: das fast 400 Jahre Alte Zollhaus

Die noch vorhandenen Ruinen sind die Reste einer größeren Anlage, die sich Kaiser Friedrich I. (Barbarossa) gegen Ende des 12. Jhs. errichten ließ. 1174 hatte er den Rheinzoll von den Niederlanden nach Kaiserswerth verlegt, einige Jahre später den Ort zur Stadt erhoben.

Die Kaiserpfalz gehörte ab 1424 für mehr als 350 Jahre zum Kurfürstentum Köln, im 17. Jh. wurde sie französische Garnison und 1688 stark beschädigt. Im Spanischen Erbfolgekrieg stand Kaiserswerth auf der Seite Frankreichs und damit auf verlorenem Posten. Brandenburger, Holländer und Engländer umstellten 1702 Kaiserswerth, beschossen und eroberten die Festung. Folge: Die Pfalz wurde gesprengt.

Im 19. Jh. machte Deutschlands **erstes Diakonissen-Mutterhaus,** 1836 von Theodor Fliedner gegründet, den Ort bekannt. Das historische Mutterhaus ist inzwischen ein Hotel und Tagungszentrum (siehe Seite 118).

Heute muss man Düsseldorf für einen Ausflug nach Kaiserswerth nicht mehr verlassen: Seit 1929 gehört die schmucke Siedlung zur Stadt Düsseldorf.

Eine Ortskarte von Kaiserswerth finden Sie auf dem Faltplan

HÄUSER UND PLÄTZE

(F/G 1-3) Altstadt
Es lohnt sich, tagsüber und an einem Wochentag zwischen den historischen Häuserzeilen zu spazieren. Viele der kleinen Kirchen warten mit schönen Innenräumen oder einer Überraschung auf: In der *Bergerkirche* an der Bergerstraße etwa leuchtet ein Altar von Tobias Rehberger. Am Marktplatz schaut man auf die *Reiterstatue* von Kurfürst Jan Wellem und zum alten *Rathaus*, einem Bau von 1570-73 mit hinzugefügten spätbarocken Formen. Am weit zum Rhein offenen Burgplatz zeugt der *Schlossturm* als einziger Rest der Schlossanlage, die bis 1888 hier stand. Der *Radschlägerbrunnen* erinnnert an die Knaben, die früher für „eene Penning" einen Seitwärtssalto mit Abrollen vorgeführt haben.

(G 12/13) Botanischer Garten
Der richtige Ort für eine entspannende Rast im Grünen. Die Besucher spazieren durch Miniaturlandschaften, die den Breiten Mitteleuropas, Japans, des Kaukasus und Nordamerikas nachgebildet sind. Es gibt einen Apotheker- und Nutzpflanzengarten und ein Kuppelgewächshaus, in dem während des gesamten Jahres prachtvolle Gewächse Blüten, Blätter und Früchte präsentieren.
Universitätsstraße 1
www.botanischergarten.uni-duesseldorf.de
März/Okt. Mo-Fr 8-18, Sa 13-18, So 10-18, April-Sept. Mo-Fr 8-19, Sa 13-19, So 10-19, Nov.-Feb. Mo-Fr 8-16 Uhr

(F/G 2/3) Carlstadt
Kleine Läden, Kopfsteinpflaster und ein karoförmiges Straßenraster prägen den kleinen Stadtteil, der in der 2. Hälfte des 18. Jhs. auf dem Gelände alter Befestigungsanlagen entstand. Grund der Erweiterung waren Platzprobleme, Namensgeber war der Kurfürst Carl Theodor von Pfalz-Sulzbach. In der Citadellstraße lohnt ein Abstecher in die spätbarocke Kirche, die von einem Franziskanerkonvent

Die Lettern (G 2) beziehen sich auf die MERIAN-Karte auf Seite 131

Das Dreischeibenhaus, einer der gigantischen Verwaltungsbauten der Stadt

1737 eingeweiht wurde und heute nach St. Maximilian benannt ist.

(G 2) Carsch-Haus
Das Kaufhaus wurde im Auftrag von Paul Carsch im neoklassizistischen Stil errichtet und im März 1915 feierlich als „Haus für vornehme Herren- und Knabenkleidung“ eröffnet. Wer es heute betrachtet, ahnt nicht, dass es um 23 Meter gewandert ist: Das Gebäude sollte in den siebziger Jahren der U-Bahn weichen, wurde aber schließlich einfach versetzt. Fast 4800 Fassadensteine wurden abgetragen, numeriert und 1983 am heutigen Standort wieder zusammengesetzt.
Heinrich-Heine-Platz 1
Mo-Sa 9.30-20 Uhr

(E 7) Dreischeibenhaus
Das 95 Meter hohe, in drei gegeneinander versetzte Scheiben gegliederte Hochhaus wurde 1957-60 vom Architekturbüro HPP Hentrich-Petschnigg & Partner errichtet. Mit seinen gleißenden Aluminium- und Glasflächen wirkt es auch heute noch wie eine Ikone der Zukunftsgläubigkeit. Die Stahlrohre für die Skelettkonstruktion stammen von Thyssen, dem bisherigen Eigentümer. Dessen Emblem fügt sich perfekt in den Stahlskelettbau, doch der Konzern verlegt seine Konzernzentrale demnächst nach Essen.
August-Thyssen-Straße 1

(D 6) Ehrenhof
Das Bauensemble mit expressionistischen Elementen entstand 1926 für die Gesundheitsausstellung „GeSoLei“. Architekt war Wilhelm Kreis, von 1908-1926 Direktor der Düsseldorfer Kunstgewerbeschule. Hier sind u. a. das NRW-Forum und das „museum kunst palast“ ansässig. Die Tonhalle, das einstige Planetarium, dient heute als Konzertsaal.

(G 3) GAP15
Einer der gelungensten Bauten der Stadt. Das moderne Glashochhaus, 90 Meter hoch, 24 Geschosse, erinnert an zwei gegen den Himmel wachsende, ineinander verkeilte Hufeisen.
Graf-Adolf-Platz 15

(B-D 3/4) Golzheimer Siedlung und Nordparksiedlung
Unter den Namen Schlageterstadt und Wilhelm-Gustloff-Siedlung entstanden die unscheinbaren Häuschen 1934-1937 zur Nazi-Schau „Große Reichsausstellung Schaffendes Volk“. Sie sind heute zum großen Teil noch erhalten.

(G 1, E 6) Hofgarten
Ein einst feudales Naturidyll: 1769 wurde der älteste Teil in französisch-klassischem Stil angelegt, ab 1804 nach Plänen von Maximilian Friedrich Weyhe im englischen Stil erweitert und umgestaltet. Während sich bei Weyhe Wasser, Hügel und Bäume harmonisch ineinanderfügen, zeigen Seufzer- und Reitallee noch die strengen Formen des französischen Stils.

(G 2/3) Königsallee
Auch wer nicht einkaufen will, sollte die von einem Kanal durchzogene Prachtstraße nicht verpassen. Bunt und abwechslungsreich ist die Szenerie, die sich besonders am Samstag auf der östlichen Straßenseite abspielt. Wie auf dem Laufsteg präsentieren sich Modemenschen und gut betuchte Damen aus aller Welt, und ansonsten sind ja auch noch die piekfeinen Schaufenster zu bestaunen.

(E/F 3) Landtag NRW
Bis 1988 diskutierten die Parlamentarier im Ständehaus am Schwanenspiegel, dem alten Rheinischen Provinziallandtag. Bürgerproteste verhinderten eine geplante Erweiterung des Ständehauses – dieses beherbergt heute das Kunstmuseum K21. Das neue, 1988 eingeweihte Landtagsgebäude befindet sich auf dem Gelände des ehemaligen Berger Hafens.

MERIAN | SCHLOSS BENRATH

Es blüht und klingt

Hingehen, staunen: In Benrath liegt eines der schönsten Gartenschlösser Deutschlands

Im Eingangsbereich des Schlosses werden Straßenschuhe gegen Samtpantoffeln getauscht, und los geht es in eine Welt aus Stuck, Seide und edelstem Parkett. Das 1756 bis 1772 von Baumeister Nicolas de Pigage errichtete Schloss Benrath zählt zu den schönsten Gartenschlössern Deutschlands. Rosa und weiß leuchtet das Gebäude inmitten des Schlossparkes, der sich bis zum Rhein erstreckt. Im Innern beeindrucken gemalte Jagdszenen an den Decken die Besucher. Das zentrale Mittelhaus, das einst als „Sommersitz im Grünen" für den Kurfürsten Carl Theodor von Pfalz-Sulzbach erbaut wurde, ist mit wertvollen Möbeln und Kunstgegenständen aus dem 18. Jahrhundert eingerichtet. Interessierte nehmen an Sonderführungen zu Themen wie „Verborgene Räume" teil. Auf dieser Führung werden die Gänge und Räume der Dienstboten erforscht, deren Zugänge sich hinter Tapeten und Spiegeln verbergen.

Schloss Benrath, ein perfekter Ort für festliche Ereignisse

Die beiden Flügel der *Maison de Plaisance* beherbergen ein Naturkundemuseum und das *Museum für Europäische Gartenkunst.* In dem außergewöhnlichen Museum lernt man das idealtypische Zusammenspiel von Architektur, Interieur und Gartenkunst am Beispiel des Schlosses Benrath und seines Parks kennen. Auf rund 2000 Quadratmetern präsentiert sich europäische Gartenkultur vieler Epochen mit Skulpturen und Grafiken, auf Gemälden und Porzellan. Es gibt Räume z. B. mit dem Motto „Duft und Klang" wo die Sinne angesprochen werden, aber auch einen Platz für die Geschichte des Gartenzwergs.
Wunderbar sind die Privatgärten des einstigen Kurfürstenpaares. Einer ist im streng geometrischen französischen Stil erhalten, der andere wurde im 19. Jh. zum Englischen Garten umgestaltet. Zweimal im Jahr strömen Besucher hierher, um auf Campingstühlen und Picknickdecken bei Sekt und Kerzenschein den traditionellen Klassikkonzerten zu lauschen. *Katharina Przybylski*

(B 13) Benrather Schloßallee 100-106, Tel. 899 38 32
www.schloss-benrath.de *Öffnungszeiten: Mitte April-Ende Okt. Di-So 10-18, Nov.-Mitte Apr. Di-So 11-17 Uhr; 5-7 €*

Die Architekten Eller, Maier, Moser, Walter & Partner schufen einen Gebäudekomplex mit zahlreichen runden, ineinandergreifenden Formen. Wie dieses Spiel der Elemente von oben wirkt, lässt sich vom Rheinturm aus gut erkennen.
Platz des Landtags 1
www.landtag.nrw.de

(F 3) Mannesmann-Haus
Schon als Direktor der Düsseldorfer Kunstgewerbeschule war der Architekt und Designer Peter Behrens der Stadt verbunden. 1911/12 errichtete er für die Mannesmann-Röhrenwerke das schnörkellose Verwaltungsgebäude am Rhein.
Mannesmannufer 3

(G 3) Neuer Stahlhof
Der alte Stahlhof wurde zwischen 1926 und 1928 nach Plänen des Stuttgarter Architekten Paul Bonatz errichtet. In dem gradlinigen Hochhaus mit nach oben schießenden Pilastern ließ sich die Führungszentrale der Vereinigten Stahlwerke AG (Vestag) nieder, was den Ruf Düsseldorfs als „Schreibtisch des Ruhrgebiets" mitprägte. Die gelungene Restaurierung zum „Neuen Stahlhof" gab dem Gebäude wieder seine ursprüngliche Gestalt, während der nicht unter Denkmalschutz stehende südliche Teil eine neue Natursteinfassade erhielt.
Breite Straße 69

(G 1) Ratinger Tor
Anstelle eines geschleiften mittelalterlichen Stadttores entstanden 1811-15 zwei in klassizistischem Stil errichtete Tempelchen mit reiner Repräsentationsfunktion.
Maximilian Weyhe-Allee/ Heinrich-Heine-Allee

(E 3) Rheinturm
240,5 Meter hoch ist der Fernsehturm, ein markantes Wahrzeichen Düsseldorfs. In 172 Meter Höhe dreht sich ein Restaurant langsam um die eigene Achse, darunter befindet sich die Aussichtsplattform.

Die Sicht ist beeindruckend, bei schönem Wetter reicht sie bis Köln. Auch die bogenförmigen Strukturen des Landtagsgebäudes sind gut erkennbar.
Stromstraße 20, Tel. 863 20 00
www.guennewig.de/drheintu
Lift tgl. 10-23.30 Uhr, 3,50 €

(G 10/11) Südpark
Der größte Park Düsseldorfs lädt zu ausgedehnten Spaziergängen. Ein länglicher Gartenstreifen mit Wasserachse verbindet den Ende des 19. Jhs. als offenen, im natürlichen Stil gehaltenen Volkspark mit einer großen Deichlandschaft. Sie entstand für die Bundesgartenschau 1987 auf einem alten Industriegebiet unter Einbeziehung eines Baggersees. Auch Kunst ziert den Südpark, etwa das prägnante „Zeitfeld" mit 24 Uhren von Klaus Rinke.
Eingänge u. a. Siegburger Straße und Redinghovenstraße

(G 2) Wilhelm-Marx-Haus
Das 1922-24 von Wilhelm Kreis errichtete Gebäude gilt als erstes Bürohochhaus Deutschlands. Der von zwei sechsgeschossigen Seitenbauten flankierte Turm ragt über zwölf Geschosse 56 Meter in die Höhe. Zusammen mit der einheitlichen Fassade verleiht er der Eisenbeton-Konstruktion bis heute ein außergewöhnliches Erscheinungsbild.
Heinrich-Heine-Allee 53

KIRCHEN UND FRIEDHÖFE

(F 1/2) Basilika St. Lambertus
Die ehemalige Stiftskirche mit dem schiefen Turm war ursprünglich eine romanische Kirche. Sie wurde zwischen 1288 und 1394 durch einen

Typisch Düsseldorf: Nach dem Shoppen geht's zum Entspannen in den Hofgarten

gotischen Bau mit kunstvollem Innern ersetzt, der Turmhelm wurde nach einem Brand 1817 neu errichtet.
Stiftsplatz 7
www.lambertuskirche.de

(D 5) **Golzheimer Friedhof**
Viele bedeutende Düsseldorfer haben hier 1805 und 1897 ihre letzte Ruhestätte gefunden, u. a. der Gartengestalter Maximilian Friedrich Weyhe (1775-1846) und Wilhelm von Schadow (1788-1862), Mitbegründer der „Düsseldorfer Malerschule". Die klassizistischen, neugotischen und neuromanischen Grabmale inmitten der umliegenden Geschäftshäuser strahlen eine fast surreale Atmosphäre aus.
Fischerstraße/Klever Straße

(E 7) **Johanneskirche**
Das protestantische Gotteshaus hat sich mit seinen Angeboten einen Namen gemacht: dem Choral Evensong, einer abendlichen Andacht mit Chorgesang, und dem integrierten Café mit Mittagstisch und Zeitungen. Der größte evangelische Kirchenbau der Stadt wurde im Zweiten Weltkrieg stark beschädigt. Die Neugestaltung des Innenraumes ist außergewöhnlich, weit ragen die Sitzbänke nach oben und bieten optimale Sicht auf die Milchglas-Metall-Kanzel.
Martin-Luther-Platz 39
www.johanneskirche.org
Mo-Fr 10-18 Uhr

(C/D 2/3) **Nordfriedhof**
Auf dem riesigen Gelände im Norden der Stadt ruhen viele bekannte Düsseldorfer, z. B. die Maler Andreas und Oswald Achenbach, die Kunstförderin Johanna Ey und der preußische Staatsrat Georg Arnold Jacobi.
Am Nordfriedhof 1

THEATER

(G 2) **Deutsche Oper am Rhein**
Seit 1955 arbeitet das Düsseldorfer Opernhaus eng mit dem Theater Duisburg zusammen. Neben Oper und Ballett versucht die Leitung unter der Bezeichnung „Junge Oper" auch Schüler und Jugendliche zu begeistern.
Heinrich-Heine-Allee 16a
Tel. 892 52 11, www.rheinoper.de

(F/G 3) **Düsseldorfer Marionetten-Theater**
Im prächtigen Palais Wittgenstein tanzen seit 1966 kunstvoll geschnitzte Marionetten. Und das so gut, dass die poetischen Vorstellungen von „Momo", „Jim Knopf" oder „Die Schöne und das Biest" oft lange im Voraus ausverkauft sind und Erwachsene wie Kinder gleichermaßen begeistern.
Bilker Straße 7, Tel. 32 84 32
www.marionettentheater-duesseldorf.de
Kartenvorverkauf Di-Sa 13-18 Uhr und eine Stunde vor Beginn der Vorstellung

FFT-Forum Freies Theater
Zentrum für freies Theater und interdisziplinäre Projekte mit zwei Bühnen und ohne festes Ensemble.
(G 2) Kasernenstraße 6 sowie
(E 8) Jahnstraße 3
Tel. 876 78 70
www.forum-freies-theater.de

(G 2) **Kom(m)ödchen**
Seit mehr als 60 Jahren sorgt die Kabarettbühne für scharfen Politwitz und für Lacher. Für einige junge Ensemble-Mitglieder wie Harald Schmidt und Volker Pispers war sie ein Karriere-Sprungbrett. Das Traditionshaus wurde 1947 von Lore und Kay Lorentz gegründet, heute führt es Sohn Kay Sebastian.
Kay-und-Lore-Lorentz-Platz
Tel. 32 94 43
www.kommoedchen.de

(E 7) **Schauspielhaus**
Eine der renommiertesten Bühnen Deutschlands, was vor allem dem gebürtigen Düsseldorfer Gustaf Gründgens zu verdanken ist, der hier zwischen 1947 und 1955 wirkte. Seit 1970 treten die Schaupieler im geschwungenen Neubau von Bernhard Pfau auf. Als eigenständige Abteilung bietet das das junge Schauspielhaus zeitgenössisches Theater für alle Generationen. Gespielt wird in einer ehemaligen Torpedofabrikhalle an der Münsterstraße 446
(F/G 3) Gustaf-Gründgens-Platz 1
Tel. 852 30
www.duesseldorfer-schauspielhaus.de
Junges Schauspielhaus:
www.volldastheater.de

(F/G 1) **Tonhalle**
Der ursprünglich als Planetarium geplante Kuppelraum im Ehrenhof-Komplex dient seit den 70er Jahren als Konzertsaal. Auch d ie Düsseldorfer Symphoniker sind hier zu Hause.
Ehrenhof 1, Tel. 899 61 23
www.tonhalle.de

MUSEEN

(F 2) Akademie-Galerie – Die Neue Sammlung
Als „Gedächtnis" der Düsseldorfer Kunstakademie widmet sich die Galerie seit der Eröffnung 2005 ausschließlich den Werken von Professoren und bekannten Studenten der Kunstakademie, u. a. Erwin Heerich, Bruno Goller und Markus Lüpertz. Im ehemaligen Gebäude der Kunstgewerbeschule findet dazu jeweils eine Wechselausstellung pro Sommer- und Wintersemester statt.
Burgplatz 1, Tel. 139 62 23
www.kunstakademie-duesseldorf.de/galerie
Mi-So 12-18 Uhr; 4 €

(B 3) Aquazoo – Löbbecke Museum
Der Aquariums- und Museumskomplex im Nordpark wurde 1987 eröffnet. In den Themenräumen und -nischen geht es insbesondere um das Leben im und ums Wasser, im Aquazoo tummeln sich u. a. Pinguine, Frösche, Haie, Krokodile, Echsen, Schlangen und Seesterne.
Kaiserswerther Straße 380 (im Nordpark), Tel. 899 61 50
www.duesseldorf.de/aquazoo
tgl. 10-18 Uhr; 6 €

(F 2) Filmmuseum
Ein breites Panorama: Hier werden große Regisseur-Genies porträtiert, dort lernen sie Grundlegendes über Filmtheorie und -ästhetik. Dann geht es um die Anfänge der Fotografie oder um das Verhältnis von Fiktion und Realität. Zu sehen sind nicht nur Filmausschnitte, sondern z. B. auch Originalkostüme aus Akira Kurosawas „Dreams", Wundertrommeln und ein Modell des alten Apollo-Theaters an der Kö.
Schulstraße 4, Tel. 899 22 32
www.duesseldorf.de/kultur/filmmuseum *Di-So 11-17 Mi bis 21 Uhr*; 3 €

(E 6) Goethe-Museum
Seit 1987 beherbergt das stattliche, 1772 fertig gestellte Schloss Jägerhof die umfangreiche Goethe-Sammlung des Verlegerehepaars Anton und Katharina Kippenberg. Ausgestellt ist nur ein Bruchteil der Sammlung, dennoch braucht es viel Zeit, um die mit fundierten (und langen) Begleittexten versehenen Schätze wirklich zu würdigen. Nur ein poppiges Tryptichon der Walpurgisnacht (Faust II) von Paul Struck bricht marktschreierisch die geistige Lehrstubenatmosphäre. Im 2. Stock ist eine große Kollektion von Porzellan und Silber aus dem 18. Jh. ausgestellt.
Jacobistraße 2, Tel. 899 62 62
www.goethe-museum-kippenberg-stiftung.de
Di-Fr/So 10-17, Sa ab 13 Uhr; 3 €

(F 2) Hetjens-Museum / Deutsches Keramik-Museum
Das städtische Museum führt durch 8000 Jahre Keramikgeschichte. Die Ausstellungsstücke, etwa eine große Halbkuppel von 1680 aus Multan im heutigen Pakistan, sind durchaus beeindruckend, die Präsentation jedoch etwas lieblos. Amüsante Sammlung von Spargelgeschirr um 1900.
Schulstraße 4, Tel. 899 42 10
www.duesseldorf.de/hetjens
Di-So 11-17, Mi bis 21 Uhr; 3 €

(A 6) Julia Stoschek Collection
Die Sammlerin hat ein altes Fabrikgebäude zur Heimat ihrer Videoinstallationen gemacht. Mehr darüber auf Seite 52.
Schanzenstraße 54
Tel. 585 88 40
www.julia-stoschek-collection.net,
Sa 11-16 Uhr nach Voranmeldung, Führungen können gebucht werden.

(G 1) K20
Das K20 beherbergt einen Teil der bedeutenden Kunstsammlung Nordrhein-Westfalens. Schwerpunkt des K20 ist die Malerei der westeuropäischen und amerikanischen Moderne, u. a. mit Werken von Joseph Beuys, Max Ernst, Wassily Kandinsky, Pablo Picasso, Paul Klee (ca. 100 Werke!), Gerhard Richter und Markus Lüpertz. Eine Reise durch die Kunstgeschichte des 20. Jhs.
Grabbeplatz 5
www.kunstsammlung.de
Wiedereröffnung Herbst 2010

(F 3) KIT – Kunst im Tunnel
Unter der Rheinuferpromenade versteckt sich seit 2007 das KIT, wohl der originellste Ausstellungsraum der Stadt. In einem Glaskubus mit Café führt eine Treppe hinunter in einen umfunktionierten „Tunnelrestraum". Zwischen zwei Autotunnelröhren hängt nun regelmäßig aktuelle Kunst, präsentiert in durchdachten Wechselausstellungen.
Mannesmannufer 1b
Tel. 892 07 69
www.kunst-im-tunnel.de
Di-Sa 12-19, So 11-18 Uhr; 4 €

(G 2) Kunsthalle Düsseldorf
Niemand sollte sich vom Äußeren schrecken lassen: In dem 1967 errichteten Betonkasten sorgt die Kunsthalle für spannende und abwechslungsreiche Ausstellungen. Eine ständige Sammlung gibt es nicht – dafür kann die Kunsthalle aktuelle Strömungen aufgreifen und auf große Namen oder junge Talente eingehen. Die Räume teilt sich die Kunsthalle mit dem Kunstverein für die Rheinlande und Westfalen, welcher eigene Ausstellungen und Veranstaltungen organisiert.
Grabbeplatz 4
Tel. 899 62 43
www.kunsthalle-duesseldorf.de
Di-Sa 12-19, So 11-18 Uhr; 5.50 €. Kostenlose Führung So 12.30 Uhr.
www.kunstverein-duesseldorf.de, Tel 2107420

(G 2) Mahn- und Gedenkstätte der Landeshauptstadt Düsseldorf
Im ehemaligen NS-Polizeipräsidium informiert eine ständige Ausstellung über Verfolgung und Widerstand in Düsseldorf zwischen 1933 und 1945.
Mühlenstraße 29, Tel. 899 62 05
www.ns-gedenkstaetten.de/nrw/duesseldorf
Di-Fr/So 11-17, Sa 13-17 Uhr

(D 6) museum kunst palast mit Glasmuseum Hentrich
Kunstsammlung vom Mittelalter bis in die Gegenwart, u.a. mit zahlreichen Werken der Düsseldorfer Malerschule und der Klassischen Moderne in Deutschland, Skulpturen, einer graphischen Sammlung (15.-21. Jh.) und den in Düsseldorf verbliebenen Gemälden aus der Galerie von Kurfürst Johann Wilhelm II. (der Rest befindet sich in Florenz, München und anderswo). Im selben Gebäude ist das Glasmuseum Hentrich mit einer der größten Glassammlungen Europas untergebracht. Seltene Kostbarkeiten aus aller Welt, vom Ohrschmuck aus der Antike über graviertes Barock-Geschirr, Jugendstil-Vasen bis zu Studioglas der Gegenwart.
Ehrenhof 4-5, Tel. 899 02 00 (Mo-Fr) und 899 24 60 (Sa/So)
www.museum-kunst-palast.de
Di-So 11-18 Uhr; kostenlos

Alptraum in Schwarzweiß: „Mann und Maus" (1991/92) von Katharina Fritsch im K21

während der Umbauphase: Zwecks Modernisierung ist ein großer Teil der Dauerausstellung bis Mitte 2010 geschlossen.

(B 13) **Neanderthal Museum**
Das Museum – auch Forschungsstätte – befindet sich in unmittelbarer Nähe der Stelle, wo 1856 der Neandertaler gefunden wurde. Es ist von Düsseldorf mit der S-Bahn zu erreichen. Mehr ab S. 84.
Mettmann, Talstraße 300
www.neanderthal.de
Di bis So 10-18 Uhr

(F/G 1) **NRW-Forum Kultur und Wirtschaft**
Seit 1998 zeigt das NRW-Forum Ausstellungen zu aktuellen Gesellschaftsfragen und ihren kulturellen Hintergründen. Alltagsphänomene – Comics, Designobjekte, Modefotos oder Autos – werden zum Museumsobjekten erhoben und erscheinen dadurch in neuem Licht. Das Forum finanziert sich ausschließlich durch Sponsoring und Einnahmen und wandert damit erfolgreich zwischen Kunst und Kommerz. Der Anspruch ist hoch, der Unterhaltungswert auch. Ausstellungen gab es unter anderem zu Vivienne Westwood, Michel Comte und mit Fotografien aus westafrikanischen Metropolen.
Ehrenhof 2, Tel. 892 66 90
www.nrw-forum.de, *Di-So 11-20, Fr bis 24 Uhr; 5,50 €*

(G 2/3) **Sammlung Conzen**
Eine große Sammlung historischer Bilderrahmen von der Gotik bis zum Jugendstil. Was nicht weiter erstaunt, wurde doch das Unternehmen F. G. Conzen Mitte des 19. Jhs. als Spiegel- und Gemälderahmenfabrik gegründet. Ergänzt ist die Rahmenschau mit einer Vielzahl alter Stiche und Ansichten von Düsseldorf.
Bilker Straße 5, Tel. 86 68 10
www.conzen.de
Besuch nach Vereinbarung

(F 2) **Schifffahrtsmuseum**
Im einzigen Rest des Stadtschlosses, dem Schlossturm auf dem Burgplatz, informiert ein kleines Museum über Themen rund um die Schifffahrt und über Düsseldorf, u. a. mit einer Multimediashow zur Stadtentwicklung. Höhepunkt ist jedoch die Aussicht im Turmcafé (auch ohne Museumsbesuch zugänglich).
Burgplatz 30, Tel. 899 41 95
www.duesseldorf.de/stadtmuseum/schifffahrts museum/index.shtml
Di-So 11-18 Uhr; 3 €

(F 3) **Stadtmuseum**
Die Exponate reichen von der Urgeschichte bis zu dokumentarischen Fotos der Industriearchitektur im Düsseldorfer Hafen um 1980, die Themen von Düsseldorf als Residenzstadt bis zur Künstlervereinigung „Das Junge Rheinland". Sonderausstellungen widmen sich Themen rund um die Stadt, sei es zu „sexuellen Codes im urbanen Raum", über den Designer Toni Lirsch oder die Kunsthändlerin Johanna Ey.
Berger Allee 2, Tel. 899 61 70
www.duesseldorf.de/stadtmuseum *Di-So 11-18 Uhr*
Eintritt frei (außer Sonderausstellungen)

(E 6) **Theatermuseum**
Das Theatermuseum präsentiert sich nahe am Zeitgeschehen und am aktuellen Theater. Viele besondere Anlässe und Präsentationen ergänzen die Dauerausstellung zum Düsseldorfer Theaterleben, zum Gebäude selbst und zu Louise Dumonts Goldtopas, einer Wanderauszeichnung für Schauspielerinnen.
Jägerhofstraße 1, Tel. 899 61 30
www.duesseldorf.de/theatermuseum
Di-So 13-20.30 Uhr; 3 €

GALERIEN

(G 2/3) **Beck & Eggeling**
Michael Beck und Ute Eggeling führen neben einem Kunstbuchverlag an der Bilker Straße zwei Galerien. In den New Quarters veranstalten sie große Ausstellungsprojekte zu zeitgenössischer Kunst, im Stammhaus sind zudem auch Bilder des Impressionismus, Expressionismus und der Klassischen Moderne zu sehen.
Bilker Straße 4-6, Tel. 210 79 10
www.beck-eggeling.de, *Di-Fr 10-13, 14-18, Sa 11-16 Uhr*

(G 1) **Wolfgang Gmyrek**
Zeitgenössische europäische Malerei und Plastik, etwa von Norbert Tadeusz, Bruce McLean oder Dieter Krieg. Schwerpunkt ist von Beginn an die figurative Kunst. Seit 2005 gibt es bei Gmyrek auch einen Ausstellungsraum für junge Kunst, besonders aus dem Umfeld der Akademien in Leipzig und Düsseldorf.
Mühlengasse 5
Tel. 211 32 77 70
www.galerie-gmyrek.de
Di-Fr 11-18, Sa 11-16 Uhr

MERIAN | TIPP

K21

In dem ehemaligen Ständehaus von 1880 tagten die früheren Provinzialstände, heute zeigt hier das K21 internationale Kunst ab etwa 1980. Schon die perfekte Verbindung moderner Museumsarchitektur mit vorhandener Bausubstanz lohnt den Besuch: Unter einer großen Glaskuppel gesellt sich die Wendeltreppe zum Glaslift, Marmorsäulen zu weißen Wänden. Zur Sammlung gehören Exponate und Installationen von Marcel Broodthaers, Thomas Hirschhorn, Paul McCarthy und Nam June Paik, auch viel zeitgenössische Fotografie ist zu sehen. Wer eine Pause braucht, kann im Dachraum unterhalb der Glaskuppel besonders im Abendlicht wunderbar entspannen. Und wer nach dem Kunstgenuss noch Gesprächsbedarf hat, begibt sich am besten in die Bar am Kaiserteich im selben Gebäude.
(D 8) Ständehausstraße 1
Tel. 838 16 00
www.kunstsammlung.de
Di-Fr 10-18 Uhr
Sa, So 11-18 Uhr; 6,50 €

MERIAN | AKADEMIE

Bilderbildung

Die Kunstakademie hat Tradition, berühmte Lehrer und begabte Schüler. Eine Erfolgsgeschichte

Mit Kurfürst Carl Theodor fing alles an. 1773 gründete er die **Kurfürstlich Pfälzische Akademie** der Maler-, Bildhauer- und Baukunst. 1819 kam es zur Neugründung als Preußens **Königliche Kunstakademie**. 1826 wurde Wilhelm Schadow berufen. Ihm folgten viele Künstler aus Berlin. 33 Jahre waltete er als Direktor und begründete den internationalen Ruf der Düsseldorfer Malerschule. Zur Schule gehörten Künstler wie **Theodor Hildebrandt** und **Carl Friedrich Lessing**. Neben Historien- und Genremalerei war besonders die Landschaftsmalerei hoch angesehen, nicht zuletzt dank der Brüder **Andreas** und **Oswald Achenbach**. Untergebracht war die Lehrstätte bis zum Brand 1872 im Schloss. Einige Jahre später bezogen Lehrer und Schüler ein eigens für die Akademie im Neo-Renaissance-Stil errichtetes Gebäude. Bis heute ist es Sitz der Hochschule.

Einmal im Jahr offene Türen für alle: Rundgang in der Akademie

Der Erste Weltkrieg beendete die Tradition der **Düsseldorfer Malerschule**. Das bedeutete keineswegs auch das Ende der Akademie. Die Professoren und Schüler blieben erstklassig: Vor der Machtübernahme durch die Nationalsozialisten wirkten zum Beispiel **Ewald Mataré** und **Paul Klee** als Professoren, von 1961 bis 1972 **Joseph Beuys**. Er machte die Institution zu einem Zentrum der Gegenwartskunst und schreckte dabei auch nicht davor zurück, das Sekretariat der Akademie zu besetzen. Schließlich wurde er vom damaligen Wissenschaftsminister Johannes Rau gefeuert. Nach langem Rechtsstreit konnte Beuys Professorentitel und Nutzungsrecht für das Atelier behalten. Schaden konnte diese politische Konfrontation der Akademie nicht: In den Jahren darauf wirkten weitere Künstler von Weltrang an der Hochschule, darunter **Jörg Immendorff** (1963-68 als Student, 1996-2007 Professor), **Gerhard Richter** (1961-64 Student, 1971-94 Professor) und **Nam June Paik** (1979-96 Professor).

(G 1) **Kunstakademie Düsseldorf** Eiskellerstraße 1
www.kunstakademie-duesseldorf.de

(G 1) **Voss**
Vor den Toren der Kunstakademie sucht die Galerie Voss nach neuen Tendenzen in der zeitgenössischen Kunst, entdeckt wurden dabei Künstlerinnen und Künstler wie Sandra Ackermann, Harding Meyer, Kay Kaul, Silke Rehberg.
Mühlengasse 3, Tel. 13 49 82
www.galerievoss.de
Di-Fr 10-18, Sa 11-14 Uhr

(G 1) **Bernd A. Lausberg**
Eine weitere Galerie in der Mühlengasse, in der Werke von Carlos Cruz-Diez, Thomas Deyle, Sabine Funke, Jus Juchtmans, Lori Hersberger, Hans Kotter und anderen präsentiert und verkauft werden.
Mühlengasse 3
Tel. 83 68 49 1
www.galerie-lausberg.com
Di-Fr 12-18, Sa 12-16 Uhr

(A 6) **Hans Mayer**
Die Galerie führt Kunst, die nach dem Zweiten Weltkrieg entstanden ist, und war die erste, die Andy Warhol in Düsseldorf zeigte. Das war 1969, viele weitere illustre Namen kamen dazu, unter anderem amerikanische Größen wie Roy Lichtenstein und Keith Haring. In den letzten Jahren gab es Ausstellungen über Markus Oehlen, Peter Lindbergh und Robert Longo.
Clarissenstraße 63 (temporär bis 2010), Tel. 13 21 35
www.galeriemayer.de
Mo-Fr 10-18, Sa 11-16 Uhr

(G 7) **Konrad Fischer**
Ab 1967 machte Konrad Fischer unter anderem Minimal Art und Konzeptkunst in Deutschland bekannt. Viele Künstler lud er zu Projekten nach Düsseldorf ein, statt nur ihre Arbeiten zu zeigen. 1996 starb der Kunstförderer, heute wird die Galerie von Fischers Frau Dorothee geführt. U. a. mit Werken von Sol LeWitt, Carl Andre, Jannis Kounellis, Thomas Schütte und Tony Cragg.
Platanenstraße 7, Tel. 68 59 08
www.konradfischergalerie.de
Di-Fr 11-18, Sa 11-14 Uhr

(G 2) **Paffrath**
Gründer war 1867 der Schreiner Johann Baptiste Paffrath, der Transportkisten für Bilder von Düsseldorfer Malern fertigte und nach Übersee versandte. Manche zahlten mit Kunst, so konnte Paffrath den Grundstock für einen erfolgreichen Gemäldehandel legen. Bis heute ist die Malerei des 19. Jhs. ein Herzstück der Galerie, ergänzt durch wichtige Vertreter der Klassischen Moderne. Wer nach Carl Spitzweg, Andreas und Oswald Achenbach, Emil Nolde oder Lovis Corinth sucht, wird hier vielleicht fündig.
Königsallee 46, Tel. 32 64 05
www.galerie-paffrath.de
Mo-Fr 10-18, Sa 10-13 Uhr

(G 2) **Remmert & Barth**
Deutscher Expressionismus, Klassische Moderne, Kunst der 1920er Jahre: Das Profil der Galerie ist so klar, wie die Fachkompetenz von Herbert Remmert und Peter Barth unbestritten ist. Besonders die Künstler der Gruppe „Das Junge Rheinland" und des Johanna-Ey-Kreises haben Remmert und Barth ins Zentrum gerückt. Neben Werken von Otto Dix, George Grosz, Gottfried Brockmann, Hannah Höch vertritt die Galerie auch Nachlässe, u. a. von Walter Gramatté.
Mühlenstraße 1, Tel. 32 74 36
www.remmertundbarth.de
Di-Fr 10-18.30, Sa 11-16 Uhr

(G 2) **Ludorff**
Die international geschätzte Galerie handelt mit deutschem Expressionismus, aber auch mit Impressionismus, Nachkriegsabstraktion und Werken zeitgenössischer Künstler wie Gerhard Richter und Klaus Fußmann. Zum Programm gehören viele große Namen wie Oskar Kokoschka, August Macke, Emil Nolde, Max Liebermann, Max Ernst, Käthe Kollwitz. Auch eine beachtliche Anzahl Bilder des Schriftstellers Hermann Hesse ist verfügbar.
Königsallee 22 III
Tel. 32 65 66, www.ludorff.com
Di-Fr 10-18, Sa 11-14 Uhr

SUCHT
WERDEN SIE SÜCHTIG –
NACH PRINZ!
Bestellen Sie Ihr PRINZ Abonnement
für nur 15,30 EURO ganz einfach direkt
unter 040/87 97 35 50, leserservice@prinz.de
oder www.prinz.de/abo
PRINZ.DE
DÜSSELDORF IM MAI
EURO 1,50
PRINZ
JOB WEG?
Gut gekocht
Tribehouse Closing
Düsseldorf für Fortgeschrittene
62 SEITEN DÜSSELDORF PROGRAMM
26 Mal Sex in Düsseldorf
www.prinz.de
Zum goldenen Hirschen

MERIAN | TIPP

Selber kochen

Den Düsseldorfer stürmen die Kochkurse, von denen es hier auffallend viele gibt. Meistens laufen sie ähnlich ab: Die Lernwilligen kochen zusammen mit einem Profi ein mehrgängiges Menu unter einem Thema wie „Fischküche" oder „Antipasti und Tapas". Der Koch verrät die besten Tricks, zeigt vor, hilft nach. Am Schluss setzen sich alle hin und essen das Gekochte auf. Möglich ist das nicht nur in der Düsseldorfer Kochschule *(www.duesseldorfer-kochschule.de)*, sondern auch in der Kochschule Düsseldorf *(www.kochschuleduesseldorf.de)*. Jung und trendig kommt „Room to Cook" (*www.roomtocook.de*) daher, mit Kursen wie „Rock the WOK!" oder „Heimatfleisch". Auch im *Restaurant Victorian* wartet ein „Backstage"-Bereich auf ambitionierte Hobbyköche (*www.restaurant-victorian.de*). Klassiker jedoch sind die Kochseminare bei Frank Petzchen(*www.frankpetzchen.de*). Er und sein Team bereiten mit den Teilnehmern etwa piemontesische, provenzalische oder auch „männliche" Menus zu und informieren z.B. über Fleisch oder Rotwein. Buchen Sie frühzeitig, die Kurse sind oft über Wochen ausgebucht.

Preiskategorien

Ein Hauptgericht kostet durchschnittlich
€ bis 15 €
€€ 15-25 €
€€€ 25-35 €
€€€€ über 35 €

RESTAURANTS

(G 5) Askitis
Eine griechische Taverne ohne den üblichen Kitsch und ohne das übliche fettige Essen. Statt dessen zum Beispiel Seeteufelbäckchen mit Mojo-Sauce, geschmorte Hasenkeule oder schmackhafte Meerestiere.
Herderstraße 73
Tel. 602 07 13
www.askitis.com
Mo geschl. €-€€

(F 6) Bar Olio
Beliebter Treffpunkt im Trödellook am Rande eines Güterbahnhofs. Die Szeneleute kommen vor allem wegen des Essens: Frische Zutaten, wechselnde Tageskarte und ein einfallsreiches Küchenteam garantieren hohe Qualität.
Schirmerstraße 54
Tel. 367 72 94 €-€€

(B 8/9) Berens am Kai
Holger Berens kocht am Hafen leichte mediterrane Gerichte auf hohem Niveau. Der *Feinschmecker* ehrt die Kunst mit 3,5 von 5 Sternen, auch ein Michelin-Stern dekoriert die Gerichte.
Kaistraße 16, Tel. 300 67 50
www.berensamkai.de
So geschl. €€€€

(G 7) Böser Chinese
Von jungem Publikum frequentiertes chinesisches Restaurant mit rotschummriger Loungeatmosphäre, einem großen Fischaquarium und Cocktails. Gegessen wird bis spätabends asiatisch ohne Glutamat, u.a. handgemachte Nudeln oder Peking-Ente.
Platanenstr. 21, Tel. 830 95 76
www.rotelaterne-chinalounge.de
€

(D 6) Claudio's
Der Name klingt zwar italienisch, serviert werden im etwas eigenartig eingerichteten Gastraum jedoch durchdachte deutsche und französische Gerichte, etwa als Vorspeise Coquille St. Jacques mit Wasabirisotto und als Hauptgang ein Loup de mer mit Fenchelschmelze und Safran.
Freiligrathstr. 36, Tel. 495 59 55
www.claudios-restaurant.de
Mo geschl. €€

(A 5) Dado
Bei den „Tasting Flights", die Küchenchef Yves Deval-Block neben à-la-carte-Gerichten anbietet, nimmt er die Gäste mit auf eine Reise durch sein kulinarisches Universum. Die Teller mit allerhand kleinen Häppchen – z.B. Tuna Tartar mit Avocado oder Roastbeef mit Sellerie-Walnusssalat – sind bestens geeignet für Leute, die sich nie entscheiden können.
Niederkasseler Lohweg 18 a
(im „Innside Premium
Hotel Seestern"), Tel. 52 29 90
www.dado-restaurant.de
So geschl. €€

(B 6) Durian's
Gutes Thairestaurant in Oberkassel, serviert werden Klassiker wie gelbes oder rotes Kokosmilch-Curry.
Sonderburgstr. 25, Tel. 954 27 79
Mo geschl. €-€€

(E 8) Essbar
Schnelle Bedienung, mediterrane Küche, schickes Ambiente. Beliebt sind besonders die Pastagerichte zur Mittagszeit.
Pionierstr. 24, Tel. 157 93 05
www.hm-essbar.de
Sa/So geschl. €

(D 5) Fehrenbach
Während sich Jürgen Fehrenbach mit Talent in der Küche der Zubereitung deutsch-französischer Gerichte widmet, umsorgt Julia Fehrenbach im kleinen, aber feinen Gastraum die Gäste. Hervorragendes Essen, aufmerksamer Service. Ein kleines Paradies für einen Abend.
Schwerinstr. 40, Tel. 989 45 87
www.restaurant-fehrenbach.de
So/Mo geschl. €€€

(G 2) Fischhaus
Backfisch, Büsumer Krabben oder Bachforelle, Matjes oder Meeresfrüchteplatte – das Fischhaus in der Altstadt ist keine Touristenfalle, sondern ein fester Wert für Fischfreunde.
Berger Str. 3-7, Tel. 854 98 64
www.fischhaus-duesseldorf.de
€-€€

(A 4) Hummerstübchen
Seit Jahren gehört das Hummerstübchen im Hotel Fischerhaus zu den stadtbesten Restaurants, seit Jahren ist die Gourmetpresse voller Lob, der Michelin-Guide vergibt gleich zwei Sterne. Da nimmt man gern die etwas längere Anreise in Kauf. Dafür gibt es beste Fleisch- und Fischgerichte – und natürlich Hummer in immer neuen Variationen.
Bonifatiusstraße 35
Tel. 59 44 02
www.hummerstuebchen.de
So geschl. €€€€

(A 13) Im Schiffchen
Seit 1977 ein Düsseldorfer Gourmettempel, lange Zeit sogar mit drei Michelin-Sternen. Dafür sorgt Spitzenkoch Jean-Claude Bourgueil. Im 1.Stock schaukelt er die Gäste durch einen Gourmet-Traum, etwa mit Kalbsbriesravioli in Sellerie-

Die Lettern (G 5) beziehen sich auf die MERIAN-Karte auf Seite 131

Affen von Immendorff, Lampions von Nam Jun Paik, Essen von der Karte: Monkey's West

Dunst und Coulis von schwarzen Trüffeln oder einer Langoustine Royale. Im „Jean Claude's" im Erdgeschoss serviert er etwas weniger exklusive Kompositionen, z.B. seinen „Sauerbraten nach der Modena-Reise".
Kaiserswerther Markt 9
Tel. 40 10 50
www.im-schiffchen.com
So/Mo geschl., Schiffchen: €€€€ *Bistro: ca.* €€€

(F 6) La Mediterranee
Natürlich Mittelmeerküche. Viele schwören auf die Nudelgerichte und schätzen die freundlich Atmosphäre.
Beuthstraße 1, Tel. 35 16 24
www.la-mediterranee.de
So geschl. €

(B 8/9) Lido
Einmalige Lage direkt auf der Fußgängerbrücke im Medienhafen, dadurch auch einmalige Aussicht, dazu einmalige Glaskubus-Architektur – Und einmalige Küche? Zumindest soll der Laden bald vom französischen Ducasse-Unternehmen betrieben werden. In der Küche der Brasserie kreiert der junge Ducasse-Schüler Florian Ohlmann schon jetzt mit regionalen und Saisonzutaten Gerichte à la française.
Am Handelshafen 15
Tel. 15 76 87 30
www.lido1960.de
€€-€€€

(E 8) Lieblings
Industriedesign trifft auf Trödelambiente, auf der Karte viel Bio, viel Vegetarisches, überhaupt viel von allem, was gesund ist und schmeckt.
Stresemannstr. 8, Tel. 600 11 41
www.lieblingsweb.de
So geschl. €

(G 7) Luang Prabang
Preiswert asiatisch essen, nicht beim Chinesen, sondern beim Laoten: Gern erklärt das Personal auch die Eigenheiten seiner Landesküche und tischt dann zum Beispiel ein Kokoscurry oder das Nationalgericht „Lab" auf, einen lauwarmen Fleischsalat mit viel Minze. Oder die Meeresvariante von „Mock", in Bananenblättern gedünsteter Fisch mit Gemüse. Was hier auch geht: gehaltvolle Cocktails trinken.
Platanenstr. 26, Tel. 230 42 75
www.luang-prabang.net €

(E 6/7) Malkasten
Der 1848 gegründete Künstlerverein stellt im Jacobihaus nicht nur Bilder aus, sondern betreibt auch ein Restaurant mit gelungener Crossover-Küche. Noch besser: Im Sommer kann man durch den ruhigen Privatpark schlendern und sich in dem schönen Biergarten vergnügen.
Jacobistraße 6, Tel. 17 30 40
www.mk-1.de €€-€€€

(G 3) Monkey's West
Hier speisen die Gäste rheinisch-internationale Gerichte unter Installationen des Videokünstlers Nam June Paik und vor den Augen von Jörg Immendorffs Affenskulpturen. Das „Fine Art Dining" hat jedoch einen unangemessen hohen Preis. Mit hochkarätiger Kunst ausgestatteter Affenläden gibt es am gleichen Ort auch mit mediterraner (Monkey's South) und asiatischer Küche (Monkey's East).
Graf-Adolf-Platz 15
Tel. 64 96 37 26
www.monkeysplaza.com
So/Mo geschl. €€€

(G 2/3) MoschMosch
In der Frankfurter Gastronomiekette gibt es „Seelenruhe" und „Morgensonne", zumindest in Form japanischer Nudelsuppen. Die sind zwar nicht besonders authentisch, dafür aber preiswert und äußerst schmackhaft. Nudeln, Eistee und Limo sind hausgemacht, die Zutaten frisch.
Königsallee 60 (im Kö-Markt)
Tel. 569 41 66
www.moschmosch.com €

(G 6) Nooij
In minimalistisch-skandinavischem Retrolook bestellt das Flingener Publikum Gerichte aus aller Welt, von Semmelknödel und Kartoffelsuppe bis zu Tom Yum und Glasnudelsalat. Im Sommer ist der baumgeschützte Biergarten ein beliebter Treffpunkt.
Hoffeldstr. 37, Tel. 698 66 89
www.nooij.de *ca.* €

(B 5) Osteria Saitta
Eines der besten italienischen Restaurants der Stadt. Raffinierte Gerichte, ein unkomplizierter Service, gemischtes Publikum.
Alt-Niederkassel 32
Tel. 57 49 34, www.saitta.de
So geschl. €€ *(Pasta* € *)*

(C 9) Roberts Bistro
Ein richtiges Bistro – unkompliziert, eng und kommunikativ. Auf der Karte steht auch Französisches, darunter Fischsuppe, Andouillette, Pot au Feu, gefüllte Kalbszunge. Roberts ist seit Jahren äußerst beliebt. Kein Wunder: Die Gerichte schmecken hervorragend. Keine Reservierungen, keine Kartenzahlungen!
Wupperstraße 2, Tel. 30 48 21
www.robertsbistro.de
So/Mo geschl. €

(G 2) San Leo
Italiener in der Altstadt mit klassischer Trattoria-Küche ohne Reservierungsmöglichkeit.
Wallstraße 31, Tel. 32 42 54
So geschl. €€

(C 9) Schorn
Franz-Josef Schorn pflegt seine Weinkarte so gut wie seine französisch-deutsche Küche. Wer sich dieser Genusskultur hemmungslos hingeben möchte, findet im Haus auch gleich ein Gästezimmer.
Martinstr. 46a, Tel. 398 19 72
www.restaurant-schorn.de
So/Mo geschl. €€€

(F/G 4) Tafelspitz 1876
Die nur 26 Plätze von Daniel Dal-Ben sind schnell besetzt, den Newcomer drängt es nun mal nach geschmacklicher Perfektion. Seine pfiffigen Kompositionen haben ihm 2009 auch prompt einen Michelin-Stern beschert.
Grunerstr. 42a, Tel. 171 73 61
www.tafelspitz1876.de
So/Mo geschl. €€-€€€

(A 13) Tonhalle Kaiserswerth
Die gutbürgerliche Saisonküche des Gasthauses passt perfekt zum historisch-dörflichen Ambiente in Kaiserswerth. Hier sitzen die Gäste gut – im Sommer bei Kaffee und Kuchen auf der großen Terrasse oder im Winter bei Schlachtplatte und Bier im Gastraum.
Klemensplatz 7, Tel. 405 16 59
www.tonhalle-kaiserswerth.de
€-€€

(F 5) Tussmann
Das Szenepublikum vergnügt sich im Tussmann mit modernen, aber nicht zu experimentellen Gerichten. Die Kreationen der Köche verbergen sich dabei hinter reduzierten Bezeichnungen wie „Milde Lammhüfte + Pastinakenpüree + Ratatouille" oder „Thunfisch Steak – rare – Wasabikartoffelstampf + Ingwer-Foie Gras + süßer Sellerie". Im Sommer lockt zudem ein interessant gestalteter Innenhof, eine Kombination von modernem Design und brüchigem Backsteingemäuer.
Tußmannstr. 63, Tel. 484 63 50
www.tussmann.de
Mo geschl. €€

(E 7) Victorian
Französische Küche für Feinschmecker im Gourmetrestaurant, Regionales und Mediterranes im Bistro und eine große Fensterfront für das bei so einer Adresse wichtige Sehen und Gesehen werden. Sehr

MERIAN | KLEIN-TOKYO

Im Reich der Suppe

Authentisch und oft eine Augenweide: In Düsseldorf kann man hervorragend japanisch speisen

Dampf steigt aus riesigen Suppentöpfen in der offenen Garküche, es klappern die Stäbchen, an der Wand wird eine „gesundliche japanische Sauce (scharf)" angepriesen. Neben kunstvollen Schriftzeichen steht: „Diese Speise für Sie ganzen Tag da." In der **Takumi Nudelbar** gegenüber dem Hotel Nikko ist Düsseldorf mehr japanisch als deutsch. Die Altbier-Altstadt ist zwar nur zehn Minuten entfernt, aber eine andere Welt. Die japanischen Gäste trinken hier lieber ihr eigenes Bräu namens „Kirin" und essen einfache, aber köstliche japanische Nudel und *ramen*, Nudelsuppen. Wen die Speisewahl überfordert, sollte am besten eine einfache *ramen* bestellen. Da muss sich der Hungrige nur noch für eine der drei Basissuppen entscheiden: *shyo* auf Salz, *shoyu* auf Brühebasis oder *miso* aus fermentierten Sojabohnen. Doch Japan hört vor der Tür nicht auf. Die **Na-Ni-Wa-Suppenbar** um die Ecke ist so beliebt, dass fast täglich zu den Essenszeiten eine Schlange von hungrigen Gästen vor dem Laden wartet. Der gute Ruf lockt auch Szenepublikum, daher ist die Atmosphäre etwas weniger authentisch als im Takumi. Feiner essen japan-affine Gourmets im **Nippon-Kan**, und das seit 1964. Die Auswahl ist groß und reicht von Sushi bis Tempura, in Brotteig gewendete und danach frittierte Köstlichkeiten. Authentisch auf Holzkohle gegrillte Fisch- und Fleischspießchen, genannt *kushiyaki,* serviert das Kettenrestaurant **Kushi-Tei of Tokyo**. Die besten Sushis und Sashimis, so sagen viele, macht der Meister im **Kikaku**. Wobei er auf viel kreativen Gegenwind achten muss, der aus dem **Nagaya** in der Carlstadt rüberweht. Dort ist Yoshizumi Nagayas Reich. Der verschließt sich auch nicht vor abendländischen Einflüssen und arbeitet in seiner Küche an regelrechten Meisterwerken, sowohl in kulinarischer wie auch ästhetischer Hinsicht.

(E 7) **Takumi** Immermannstraße 28, Tel. 179 33 08
ww.brickny.com/takumi/ €
(E 7) **Na-Ni-Wa** Oststraße 55, Tel. 16 17 99 *Di geschl.* €
(E 7) **Nippon-Kan** Immermannstraße 35, Tel. 17 34 70
www.nippon-kan.com *So geschl.* € – €€€
(E 7) **Kushi-Tei** Immermannstraße 38, Tel. 36 09 35
www.kushi-tei.com €€ – €€€
(E 7) **Kikaku** Klosterstraße 38, Tel. 35 78 53
www.kikaku.de *Sa geschl.* €€
(G 2/3) **Nagaya** Bilker Straße 3, Tel. 863 96 36
www.nagaya.de *So geschl.* € – €€€

gute Küche, seit Februar 2009 unter Volker Drkosch.
Königstraße 3a, Tel. 86 55 00
www.restaurant-victorian.de
Restaurant €€€€ *So geschl., Bistro* €€

(G 6) **Vitale**
Mediterranes Restaurant mit Wohnzimmercharme und dem Erfolgsrezept, niedrige Preise mit hoher Qualität zu verbinden.
Ackerstr. 168 b, Tel. 698 04 12
www.vitaleonline.de
Abends nur am Do und Fr geöffnet, Sa/So geschl. €

(G 2) **Weinhaus Tante Anna**
Seit fast 190 Jahren bewirtet Familie Oxenfort in einem Klostergebäude aus dem 16. Jh. Gäste. Zubereitet wird heute rheinische Kost auf hohem Niveau. Auch wenn der Düsseldorfer Senfrostbraten hervorragend schmeckt: Die Seele des Hauses ist bis heute der Weinkeller.
Andreasstr. 2, Tel. 13 11 63
www.tanteanna.de
So geschl. €€ - €€€

(F 2/3) **Zicke**
Wunderbare Montmartre-Atmosphäre mit Kunst- und Filmplakaten an Wänden und Decken, guter Bistro-Kost und einem köstlichem Frühstücksangebot.
Bäckerstraße 5a
Tel. 32 40 56
www.bistro-zicke.de

CAFÉS

(G 2) **Bazzar Café**
Großes Kino, besonders Samstag nach dem Shopping, wenn sich die Schönen und Reichen bei köstlichem Espresso gegenseitig begucken.
Heinrich-Heine-Allee 53
Tel. 32 24 35
www.bazzar.de

(G 6/7) **Café Hüftgold**
Weil sie in Düsseldorf keine Anlaufstelle für guten Kuchen kannte, hat Patricia Leonhardt selbst ein Café eröffnet. Seitdem gibt es in Flingern eine Oase für Kuchen- und Tortenliebhaber. Gebacken wird natürlich selbst.
Ackerstraße 113
www.cafehueftgold.de

Woyton
Lokale Coffeeshop-Kette mit stolzen neun Filialen in Düsseldorf. Guter Ort zum Ausspannen oder Arbeiten, es gibt nebst Kaffee auch Salate, Bagels und WLAN.
u.a. (E 7) Berliner Allee 4
(E 7) Schadowplatz, (F/G 2) Marktplatz 12, (G 2) Mittelstr. 11 und (B 9) Erftstraße 1
www.woyton.de

KNEIPEN

(G 2) **Brauerei Uerige**
Das letzte noch betriebene Brauhaus in der Altstadt, selbstverständlich obergärig.
Berger Straße 1, Tel. 866 99-0
Ausführliches ab Seite 66
tägl. 10-24 Uhr, 1. Weihnachtstag und Rosenmontag geschl.

Brauerei Schumacher
An der Oststraße im „Stammhaus" wird unten das Schumacher Altbier gebraut und oben getrunken. Seit 1871.
(E 8) Oststraße 123, Brauereiausschank auch: „Im Goldenen Kessel", (G 2) Bolkerstraße 44
Tel. 828 90 20
www.schumacher-alt.de

(A 13) **Galerie Burghof**
Ein saisonales Juwel in Kaiserswerth: Der Rheinblick und die großen Kastanienbäume machen den Biergarten zum schönsten der Stadt.
Burgallee 1, Tel. 40 14 23
www.galerie-burghof.de

Essen, Trinken, Rumsitzen und Schwatzen: die „Zicke" ist für manche ein zweites Wohnzimmer

(F 5) **Herr Spoerl**
Bei Herrn Spoerl gibt es gutes Frühstück, gute Küche von Spaghetti bis Kalbsfilet, dazu einen Schuss Kneipengemütlichkeit auf wackeligen Stühlen, gepaart mit hipper Industrieatmosphäre im lauschigen Innenhof.
Tußmannstraße 70, Tel. 48 84 96
www.herr-spoerl-catering.de

(G 1) **Im Füchschen**
Eine der wenigen Hausbrauereien und damit eine Institution in Düsseldorf. Rheinische Kost, dazu ein, zwei, drei, fünf oder zehn Alt – ein schöner Abend.
Ratinger Straße 28, Tel. 13 74 70
www.fuechschen.de

(G 2) **Marktwirtschaft**
Besonders zu Marktzeiten beliebte Kneipe gleich am Carlsplatz. Täglich von früh um sieben bis spät um ein Uhr nachts geöffnet und eigentlich jederzeit eine gute Einkehrstation: sei es zum Frühstück, zum Mittagstisch oder Abends zu Speis und Trank.
Benrather Straße 7, Tel. 860 68 48
www.marktwirtschaft-duesseldorf.de

(B 6) **Muggel**
Oberkasseler Kneipencafé mit einer Überraschung im Keller. Die nennt sich Souterrain und ist ein kleines aber feines Programmkino mit integrierter Bar.
Dominikanerstraße 4, Tel. 55 41 82

(G 1) **Ohme Jupp**
In der Regel laut, lebendig, urig – Ein fester Wert in der Ratinger Straße. Fürs feine Publikum wie auch für die sommerliche Afterwork-Einkehr.
Ratinger Straße 19, Tel. 32 64 06

(G 2) **Zum Schlüssel**
Haus- und Traditionsbrauerei an der „längsten Theke der Welt" (Bolkerstraße) mit Bierschwemme und deftigen Speisen.
Bolkerstraße 41-47, Tel. 828 95 50
www.zumschluessel.de

(G 1) **Zur Uel**
Kneipen-Urgestein an der Ratinger Straße, egal ob für den Schwatz auf der Straße oder einem Altbiergulasch an den Holztischen im Innern.
Ratinger Str. 16, Tel. 32 53 69, www.uel.de

BARS UND CLUBS

(D 9) **Bar Alexander**
Das Bar-Team ist äußerst kreativ. Daher ist hier auch der richtige Ort, um sich endlich einmal einen Molekularcocktail zu gönnen.
Ja, genau: einen Molekularcocktail.
Düsselstraße 71, Tel. 87 63 759
www.bar-alexander.com *Mo geschl.*

(D 8) **Bar am Kaiserteich**
Das K21 darf nicht nur auf seine Sammlung moderner Kunst stolz sein, sondern auch auf eine der schönsten Bars der Stadt. Nicht nur köstliche Drinks animieren hier die Sinne, sondern auch die wahrhaft psychedelische Raumgestaltung. Ein Erlebnis.
Ständehausstraße 1, Tel. 171 30 20
www.gcs-catering.de
(unter „Gastronomie") *Mo geschl.*

(G 3) **bar fiftynine**
Die Bar im Intercontinental spielt in der Elite der Düsseldorfer Bars. Der Wodka kommt hier gleich in 180 Sorten.
Königsallee 59, Tel. 82 85 12 10
www.duesseldorf.intercontinental.com/essen-und-trinken/bar

(G 2) **Melody Bar**
Hier setzt der Barmann auf gute Cocktails statt Altbier – eine angenehme Alternative zu den quirligen Altstadtkneipen.
Kurze Straße 12, Tel. 32 90 57
So/Mo geschl.

(E 8) **Nachtresidenz**
Tanzen unter einem imposanten, 12 Meter hohen Kuppelsaal.
Die „Resi" ist exklusiv und schick.
Bahnstraße 13-15, Tel. 136 57 55
www.nachtresidenz.de

(G 2) **Pretty Vacant**
Erfolgreicher Indie-Club in der Altstadt, viele Konzerte, viel Gitarre, viel Party.
Mertensgasse 8, Tel. 600 82 08
www.prettyvacant.de

(G 2) **(Q)Stall**
Rockabilly, Soul und weitere Gitarrenmusik, schön und familiär.
Kurze Straße 3, Tel. 836 90 58
www.qstall-bar.de

(G 2) **Salon des Amateurs**
Das Café verwandelt sich gegen Abend in eine Clubbar mit anspruchsvollem Kulturprogramm. Hier trifft sich die Kunstakademie bei Konzert, DJ oder experimenteller Videokunst.
Grabbeplatz 4
www.salondesamateurs.de *Mo geschl.*

Halb Bühne, halb Ausstellung: das Hotel Stage 47

MERIAN | HOTELTEST

Hier wohne ich

Jede Nacht in einem anderen Bett: Zimmer, Suiten und Apartments von funktional bis familiär

BURNS ART HOTEL Wie ein Schiffsbug ragt die Stuckfassade aus der Gründerzeit in die Straßenkreuzung hinein und verspricht ein ebenso extrovertiertes Inneres. Dort sind die Akzente aber eher dezent gesetzt: Hie und da etwas moderne Kunst, keine Teppiche und Zimmer in gelungenem asiatischen Minimalismus. Die Temperatur des Duschwassers war recht unkalkulierbar, der kalte Natursteinboden im Treppenhaus (Eigenwerbung: „Interieur aus kühlem Stein") produziert leider einen leichten Mietshauscharakter, der Frühstücksraum im historischen Gewölbe hingegen ist äußerst ansprechend. Mit Sila Thai befindet sich ein hervorragendes Restaurant im Erdgeschoss. In der Nähe unterhält das Burns Art Hotel zusätzlich 26 Apartments mit Kitchenette.

Fazit: *Nicht so konsequent wie das Stage 47 (s.u.), dadurch für ein breiteres Publikum ansprechend und mit angenehmen Zimmern. Das Hotel trumpft mit einer der markantesten Fassaden der Stadt, was vor jedem Betreten Begeisterung über den temporären Wohnort auslöst („Wow, hier wohne ich!").*

MAX HOTEL GARNI In einer ruhigen Seitenstraße versteckt sich dieses kleine, zentrale und preiswerte Boutiquehotel. Christian Rosenstengel hat die Zimmer mit viel Liebe gestaltet und sorgt sich äußerst charmant um seine Gäste. Die moderne Einrichtung in hellen Grüntönen ist nicht nur schön und funktional, neben dem Bett steht ein Wecker, im Schrank ein Schirm. Nichts kostet extra, nicht einmal der Kaffee und die Kaltgetränke in der Lobby. Die Räume sind recht klein, doch wen stört das, wenn sonst einfach alles stimmt? Ein Ort zum Wohlfühlen mit fixem Übernachtungspreis inklusive Frühstück – eine Seltenheit in Düsseldorf (siehe Tipp S. 119).

Fazit: *In dieser Preiskategorie schwer zu überbieten und eine Empfehlung für alle, die nicht nach dem Prinzip „Je größer, desto besser" leben und das Persönliche schätzen.*

NIKKO Beim Besuch in dem Ableger einer japanischen Hotelkette taucht der Gast in der Regel in einen fernöstlich-deutschen Mikrokosmos, da auch für asiatische Besucher das „Nikko" seit Jahren eine feste Adresse in Düsseldorf ist. Die 344 Zimmer sind schnörkellos eingerichtet, aber keine ästhetischen Perlen. Die verglaste Fensterfront sorgt für viel Licht und in den obersten Stockwerken für gute Aussicht. Bei unserem Besuch war das Duschen leider ein ungewolltes Wechselbad der Temperaturen. Wer sich noch zu sehr in Deutschland fühlt, sollte sich abends in der Karaoke-Bar im Untergeschoss vergnügen (ab 19 Uhr) oder im „Benkay" essen gehen, wo hochwertige japanische Gerichte serviert werden. Schöner Wellness-Bereich im 11. Stock (nicht inklusive). Die riesige Lobby erinnert etwas an ein Einkaufszentrum.

Fazit: *Seit nunmehr 30 Jahren ein verlässliches Hotel, das auch von Stars wie Mick Jagger oder Steffi Graf frequentiert wird. Kein ästhetischer Höhenflug, aber routinierte Hotellerie auf hohem Niveau.*

STAGE 47 Ein zentrales Design-Hotel, das mit aller Konsequenz von der Fassade über den Frühstücksraum bis zu den Zimmern durchgestylt ist. Leitelemente sind dunkles Holz, Weinflaschen und schwarz-grau gemusterter Stoff. Entsprechend düster, aber auch mondän-edel ist die ungewöhnliche Atmosphäre. Im gleichen Haus befindet sich nebst einem Premieren-Kino auch das Savoy-Theater. Die dortige Bühnenprominenz steigt oft im Stage 47 ab, sei es nun Konstantin Wecker, Paul Kuhn, Heike Makatsch oder Götz Alsmann. Den prominenten Gästen sind auch die Zimmer gewidmet, an den Wänden hängen riesige Porträtaufnahmen. Den Suiten-Luxus muss man sich nicht wirklich gönnen, schon die normalen Zimmer sind todschick.

Fazit: *Eine Übernachtung, die im Gedächtnis bleibt. Sicher nicht jedermanns Sache, wer das Ungewöhnliche mag, wird sich hier wegen der Bühnenscheinwerfer im Gang schnell selbst als kleiner Bühnenstar fühlen.*

(E 8) **Burns Art Hotel** Bahnstraße 76, Tel. 779 29 10
www.hotel-burns.de *35 Zi.* €€

(E 8) **Max Hotel Garni** Adersstraße 65, Tel. 38 68 00
www.max-hotelgarni.de *11 Zi.* €

(E 7) **Nikko** Immermannstraße 41, Tel. 834 21 11
www.nikko-hotel.de *344 Zi.* €€€

(E 8) **Stage 47** Graf-Adolf-Straße 47, Tel. 38 80 30
www.stage47.de *27 Zi., DZ* €€

(E 4) **Villa Viktoria** Blumenthalstraße 12, Tel. 46 90 00
www.villaviktoria.com *40 Zi.* €€

Die Lettern (E 8) beziehen sich auf die MERIAN-Karte auf Seite 131

An dieser Straßenecke wacht die wilhelminische Zeit: Fassade des Burns Art Hotel

VILLA VIKTORIA Stammgäste schätzen die klassizistische Villa im Stadtteil Derendorf als ruhiges Refugium. Die 40 Suiten verteilen sich auf vier Stockwerke, jedes ist besonderem Stil (britisch, fernöstlich, Belle Époque, südländisch), aber durchwegs klassisch eingerichtet. Der Gast hat viel Platz, in der getesteten „Casablanca"-Suite war nicht nur Raum für Bett und Bad, sondern auch für eine Sitzecke mit Baststühlen, eine Bücherwand, ein Marmortischchen, einen Sekretär und eine Kitchenette. Leider waren die Möbel etwas verstaubt. Schöne Sommertage können die Gäste hier angenehm verbringen, dafür sorgen eine riesige Dachterrasse und ein üppiger Garten. Das Frühstück besticht durch eine vermutlich in Düsseldorf einmalige Vielfalt an Marmeladen, Schokoladenaufstrichen und Honig. Etwas abgelegen, die nächste Haltestelle der Straßenbahn ist zwar um die Ecke, die Fahrt bis in die Altstadt dauert allerdings recht lange. Dafür nachts äußerst ruhig.

Fazit: *Bestens geeignet für Besucher mit Auto, die kein modernes Hotel-Design wollen und es ruhig und klassisch mögen.*

Preiskategorien

Die Hotelpreise in Düsseldorf schwanken in der Regel sehr stark. Preisangaben sind daher nur Richtwerte und basieren auf einer Stichprobe in messefreier Zeit für ein Doppelzimmer mit Frühstück.

€ bis 130 Euro
€€ 130-230 Euro
€€€ über 230 Euro

Entspannt absacken in der Capella Bar im Breitenbacher Hof

Preiswerte Hotels

(E 8) **Düsseldorf Mitte**
Preiswerte Herberge in zentraler Lage. So schnörkellos wie sein Name.
Graf-Adolf-Straße 60, Tel. 169 78 60
www.hotel-duesseldorf-mitte.de *87 Zi.* €

(B 1) **MutterHaus**
Dreisterne-Unterkunft im ehemaligen Zentrum der Kaiserswerther Diakonissinengemeinschaft. Gelungen renoviert, in grüner Umgebung bei Kaiserswerth.
Geschwister-Aufricht-Str. 1, Tel. 61 72 70
www.hotel-mutterhaus.de *55 Zi.* €

(F 2/3) **Orangerie**
Kleines, einfaches Hotel in perfekter Lage im ruhigen Teil der Altstadt. Geschmackvoll eingerichtete Zimmer in angenehmen Orangetönen.
Bäckergasse 1, Tel. 86 68 00
www.hotel-orangerie-mcs.de *27 Zi.* €€

(F 7) **Prinz Anton**
Bewährtes City-Hotel für ein breites Publikum. Am Morgen hat der Gast die Wahl zwischen kontinentalem und japanischem Frühstück.
Karl-Anton-Straße 11, Tel. 35 20 55
www.hotel-prinz-anton.de *37 Zi.* €

(F 7) **Sir Astor & Lady Astor**
Zwei benachbarte Gästehäuser im englischen (Kolonial-)stil in einer kleinen Straße beim Bahnhof. Klein und persönlich, üppige Einrichtung .
Kurfürstenstraße 18 & 23, Tel. 17 33 70
www.sir-astor.de *37 Zi.* €

Komfortable Hotels

(F 7) **Asahi**
Großes Hotel beim Bahnhof. Im Stil japanisch inspiriert, Sonnenterasse, Zimmer mit Parkett, Penthouse-Suite mit Aussicht.
Kurfürstenstraße 30, Tel. 361 20
www.hotel-asahi.de *100 Zi.* €€

(E 3) **Innside Premium Hotel Derendorf**
Durchgestyltes Design-Universum auf dem ehemaligen Rheinmetallgelände. Klar und unaufdringlich. Restaurant „Ven" mit kreativer Küche.
Derendorfer Allee 8, Tel. 17 54 60
www.innside.de/derendorf *160 Zi.* €€

(A 3) **Schnellenburg**
Traditionshotel mit Restaurant zwischen Messegelände und Nordpark direkt am Rhein. Tipp: ein Zimmer mit Rheinblick verlangen.
Rotterdamer Straße 120, Tel. 438 84 38
www.schnellenburg.de
50 Zi. € *(€€ mit Rheinblick)*

(G 2) **St. Andreas**
Kleines Viersternehaus mitten in der Altstadt oberhalb eines Muschelrestaurants. Farbige Zimmer, teilweise mit Balkon.
Andreasstraße 13, Tel. 13 06 84 00
www.hotel-sankt-andreas.com *12 Zi.* €€

(F 6) **Windsor**
Hotel im englischen Stil hinter einer mehr als hundertjährigen Sandsteinfassade. Stuckdecken, viel Holz und Antiquitäten. Das Haus liegt nicht sehr zentral, dafür nahe am lebendigen Stadtteil Flingern.
Grafenberger Allee 36, Tel. 91 46 80
www.sir-astor.de/windsor *21 Zi.* €€

Luxuriöse Hotels

(G 2) **Breidenbacher Hof**
2008 wiedereröffnetes Luxushotel. Laut Finanzmagazin „€uro" ist es eines der „besten Business-Hotels" in Deutschland. Klassisch-gediegene Atmosphäre.
Königsallee 11, Tel. 16 09 00
www.breidenbacherhof capella.de
95 Zi. €€€

(G 2) **InterContinental**
Eins der besten Häuser der Stadt. Fünf Sterne, beliebte Bar und Nobelrestaurant „Caliga".
Königsallee 59, Tel. 828 50
www.duesseldorf.intercontinental.com *286 Zi.* €€€

(B 9) **Radisson SAS Media Harbour Hotel**
Moderner Bau im Medienhafen mit stimmigem Innendesign. Offen gestaltete

Zimmer, ein futuristischer Kamin in der Lobby und warme Messing- und Brauntöne.
Hammer Straße 23
Tel. 311 19 10
www.mediaharbour.duesseldorf.radissonsas.com
135 Zi. €€€

(G 2) **Steigenberger Parkhotel**
Purer Luxus hinter klassizistischer Fassade. Restaurant „Menuett" mit Sommerterrasse inklusive Blick auf Kö und Hofgarten.
Königsallee 1a
Tel. 138 10
www.duesseldorf.steigenberger.com *130 Zi.* €€€

(D 1) **Maritim Hotel Düsseldorf**
Tagungshotel am Flughafen. Eine riesige Welt für sich, allein in den verschiedenen Restaurants haben insgesamt über 800 Gäste Platz.
Maritim-Platz 1
Tel. 21 15 20 90
www.maritim.de *533 Zi.* €€

MERIAN | TIPP

Hotelbörse Düsseldorf

Zwar hat sich auch anderorts das Prinzip „variabler Hotelraten" schon etabliert, in der Messestadt Düsseldorf dürfen es Gäste jedoch in seiner Extremform kennen lernen: Ist gerade eine wichtige Messe, klettern die Preise in Schwindel erregende Höhen, die Gäste zahlen zweimal, dreimal oder sogar viermal so viel wie an messefreien Tagen. Solche Beträge landen meist auf einer Spesenrechnung, die Touristen ziehen den Kürzeren. An ruhigen Wochenenden purzeln die Zimmerpreise wiederum, da die Geschäftskundschaft erst am Montag wiederkommt. Außerdem kassieren viele Hotels oft gesalzene Preise für kleine Extras. Frühstück inklusive? Denkste! Macht dann 25 Euro. WLAN: Ja, aber alles andere als kostenlos. Spa-Bereich? 15 Euro! Modernstes Multimedia-System? Natürlich, für den Preis von nur zwei Kinokarten darf sich der Gast damit sogar einen Film anschauen. Tipp: Buchen Sie möglichst früh, fragen Sie nach einem Wochenend-Rabatt, wählen sie eines der wenigen Hotels mit fixen Raten und ohne Extrakosten fürs Frühstück oder erkunden Sie sich nach Spezial-Arrangements.

In der schönen alten Bäckergasse: das Hotel Orangerie

MERIAN | TIPP

Einkaufs-Wegweiser

Das Herz der Handelsstadt schlägt an der *Königsallee*. Hier reihen sich Flagship-Läden internationaler Topmarken an kleine, feine Geschäfte mit ausgesuchter Ware, außergewöhnliche Architektur konkurriert mit piekfeiner, durchgestylter Innendekoration. Zwar haben sich auch H&M und und andere Filialisten in die erste Reihe gedrängt, dennoch bleibt die „Kö" erste Adresse für exklusive Marken und hochwertige Produkte. Um die Prachtstraße gruppieren sich Einkaufspassagen und -straßen, z.B. die *Schadowstraße* (E 7), ein Shopping-Mikrokosmos auf überschaubarem Raum. Wer es lieber persönlicher und ruhiger mag, wird eher in der Altstadt fündig. Ganz jung und urban kauft man in *Flingern* ein, besonders in der *Ackerstraße* (F/G 7). Hier dominieren nicht die bekannten Marken, sondern lokale Kreationen und ungewöhnliche Ladenkonzepte. Das gilt immer mehr auch für die *Lorettostraße* (C 9) in der Nähe des Hafens. Die meisten Geschäfte sind Montag bis Samstag von 10 bis 19 Uhr offen, besonders bei kleinen Geschäften muss man mit sehr eingeschränkten Zeiten rechnen.

BÜCHER

(G 2) **Franz Petzchens Kochbuchhandlung**
Ein kulinarischer Wissenstempel. Man bleibt nicht bei der Theorie, Petzchen bietet fast täglich äußerst beliebte Kochseminare an.
Benrather Str. 6, Tel. 152 09 71
www.frankpetzchen.de

(F 2) **Heinrich-Heine-Antiquariat**
1991 zum 135. Todestag von Heine eröffnetes Antiquariat mit Schwerpunkt Literatur, Kunst und Geisteswissenschaften.
Citadellstr. 9, Tel. 13 26 12
www.heineantiquariat.de

(X 0) **Mayersche**
Riesenbuchfilialist in Pempelfort und auf der Kö. Dort auch mit Zweitausendeins.
Nordstraße 73, Tel. 416 35 42-0
(G 2) Mayersche Droste
Königsallee 18, Tel. 542 56 90-0
www.mayersche.de

(D 8) **Stern Verlag**
Die gut sortierte Buchhandlung gehört zu den größten Deutschlands, das Familienunternehmen betreibt im selben Haus auch ein Antiquariat.
Friedrichstr. 24-26
Tel. 388 10, www.buchsv.de

(G 2) **Walther König**
Die Buchhandlung in der Kunsthalle mit Schwerpunkt auf Kunst, Architektur und Kultur. König hat auch internationale und seltene Titel auf Lager.
Grabbeplatz 4, Tel. 13 62 10
www.buchhandlung-walther-koenig.de

EINRICHTUNG & WOHNACCESSOIRES

(G 2) **All4Design**
Designstore mit Möbeln, Wohnaccessoires und allerlei schönen Dingen.
Benrather Straße 10
Tel. 86 63 20
www.all4design.de

(G 7) **Archefilo**
Wer es hell und leicht mag, ist hier gut aufgehoben. Rainer Eindorf stellt Holzmöbel in klaren, puristischen Formen her, Janet Alter entwirft verspielte Logos und Illustrationen, etwa für Kissen oder als Wandbild.
Birkenstr. 107, Tel. 165 59 94
www.archefilo.de

Einmal im Jahr ist Lesefest: Bücherbummel auf der Kö (s. S. 136)

(E 8) **BoConcept**
Die dänische Einzelhandelskette hat aufeinander abgestimmte und erschwingliche Designmöbel und Accessoires im Sortiment. Großes Angebot, hier lassen sich ganze Wohnungen einrichten.
Grünstraße 15 (im Stilwerk)
Tel. 280 71 50
www.boconcept.de

(G 2) **Franzen**
Porzellan, Kristallglas, Uhren, Silberware, Schreibgeräte: Was in den Regalen von Marietta und Hermann Franzen steht, ist von hoher Qualität. Seit 1911 mit Standort an der Kö.
Königsallee 42
Tel. 13 07 80
www.franzen.de

(F 5) **Jil's**
Erlesenes Originalinterieur aus den 50er-70er Jahren zu vernünftigen Preisen. Kompetente Beratung, große Auswahl, darunter etliche Designklassiker.
Tußmannstraße 69-73
Tel. 484 63 67, www.jils.de

(F 7/8) **Kyo-To by Japan Art Deco**
Laden für Liebhaber japanischen Designs, das sich hier in formvollendeten Vasen, Schalen, Teesets und hochwertigen Messern zeigt.
Immermannstraße 26
Tel. 35 27 36
www.kyotojapanartdeco.com

(E 8) **Licht im Raum**
Das Unternehmen gestaltete die Beleuchtung des Apollo-Theaters, der Schadow-Arka-

Seit kurzem auch auf der Kö: die viergeschossige Mayersche Buchhandlung

den und diverser Kirchen. Alle Produkte, ob kleine Stehleuchte oder stilvoller moderne Kronleuchter, werden in einer Manufaktur in Wuppertal hergestellt und im Präsentationsraum in Düsseldorf gezeigt.
Graf-Adolf-Straße 49
Tel. 99 40 00
www.licht-im-raum.de

(E 7) **Manufactum**
Die Dinge bei Manufactum sind praktisch, formschön und verlässlich. Darunter Klassiker, die fast in Vergessenheit geraten sind wie die Kokos-Spülbürste oder die mechanische Offiziersuhr der Roten Armee. Unter dem Label „Brot und Butter" ist neben den zwei Namensgebern auch Käse und Fleisch im Angebot. Allesamt hochwertige Produkte, hergestellt nach bewährten Methoden.
Steinstraße 4, Tel. 602 08 88
www.manufactum.de

(G 2/3) **Muji**
Möbel, Geschirr, Kleider oder Reiseaccessoires: Das japanische Unternehmen bietet praktische Dinge in schlichtem Design zu angemessenen Preisen. Keine Marken-, aber Qualitätsprodukte.
Königsallee 60 (Kö-Galerie)
Tel. 860 66 61, www.muji.de

(E 8) **Stilwerk**
Auch architektonisch interessantes Einrichtungshaus für Anspruchsvolle. Mit verschiedenen Qualitätsanbietern und Kinderbetreuung.
Grünstraße 15
Tel. 86 22 81 00
www.stilwerk.de

(G 3) **Wolf Schäfer**
Aus aller Welt sammelt Wolf Schäfer „Dinge, in denen die Wünsche nach Frieden und Schönheit geronnen sind". Das sind dann z.B. Lampen vom deutschen Designer Ingo Maurer oder Safran aus Kaschmir. Sehenswert.
Bastionstr. 10, Tel. 13 48 38
www.wolf-schaefer-design.de

(F 7) **Wandel**
Verleih und Verkauf von restaurierten Möbeln und Objekten mit Schwerpunkt auf den 20er und 30er Jahren sowie auf Art déco.
Worringer Straße 57
Tel. 90 15 87 12
www.wandel-einrichtungs objekte.de

(E 8) **Wende**
Hochkarätiges Möbelgeschäft mit perfekt restaurierten Art-déco- und Bauhaus-Originalen. Auch ganze Einrichtungskonzepte werden entwickelt. Die exklusivsten Gegenstände werden stilgerecht in einer traumhaften Villa von Mies van der Rohe in Krefeld präsentiert.
Grünstraße 15 (im Stilwerk)
Tel. 86 22 84 00
www.wende-art.de

KARNEVAL

(G 2) **Jeck Jedöns**
Karnevalskostüme, Souvenirs und alles, was das jecke Herz begehrt.
Berger Straße 11-13
Tel. 869 30 09
www.jeckjedoens.de

KAUFHÄUSER

(G 2) **Carsch-Haus**
Exklusives Kaufhaus in historischem Gebäude mit viel Mode, einer „Welt der schönen Dinge" und einer großen Delikatessabteilung.
Heinrich-Heine-Platz 1
Tel. 839 70
www.carsch-haus.de

KINDER

(G 2) **Baby Kochs**
Ältestes Kinderfachgeschäft der Stadt. Seit 1935 gibt es hier Kinderwagen, Spielwaren und Babymöbel, heute ist das Sortiment ergänzt durch schicke Baby-, Kinder- und Umstandsmode für Mutter und Kind von Welt.
Breite Str. 3, Tel. 355 94 40
www.babykochs.de

DELIKATESSEN

Bäckerei Josef Hinkel
In der 1891 gegründeten Familienbäckerei steht man in der Regel Schlange, um an das von der Zeitschrift *Feinschmecker* ausgezeichnete Brot zu gelangen. Guter Service, auch mal vom Bäckermeister Josef Hinkel persönlich.
(G 3) Hohe Straße 31 und
(G 2) Mittelstraße 25
Tel. 862 03 40
www.baeckerei-hinkel.de

(G 2) **Confiserie Heinemann**
Traditionskonditorei aus Mönchengladbach mit mehreren Niederlassungen in Düsseldorf. Frische Pralinen und Torten, besonders die Champagner-Trüffel sind berühmt.
u.a. Königsallee 1, Tel. 13 41 14
www.konditorei-heinemann.de

(E 7) **Dae-Yang**
Japanische und koreanische Spezialitäten, Haushaltswaren und viele asiatische Lebensmittel stehen in den Regalen. Großes Sorti-

MERIAN | TIPP

Carlsplatz-Markt

Auf dem Carlsplatz ist fast täglich Markt, und was für einer! Prall gefüllte Stände mit üppiger Obst- und Gemüsevielfalt wechseln sich ab mit Blumenverkäufern, die Kühlauslagen sind voll mit frischem Fisch und Fleisch. Sogar Kartoffeln und Zwiebeln dürfen sich eigener Verkaufstresen erfreuen. Morgens trinkt man einen selbst gerösteten Kaffee im KaffeeReich (Stand D2). Dann lässt man sich z.B. bei der Kräuterhexe etwas ABB-Senf abfüllen. Hunger? Kein Problem: Der Platz ist gesprenkelt mit allerlei Feinkost- und Imbissständen. Dort drängeln sich zur Mittagszeit die Marktbesucher, stehen oder sitzen beisammen, mit einer Bratwurst oder einem Altbier in der Hand. Manchmal schlendert ein Profikoch über den Platz. Oder auch eine Kochkurs-Gruppe, die hier gerade Warenkunde betreibt.
(G 2) Carlsplatz
Mo-Sa 8-18 Uhr

ment an hochwertigen Sushi-Zutaten.
Immermannstraße 21
Tel. 16 15 67, www.daeyang.de

(G 2) Gewürzhaus Altstadt
Winziger, familiärer Gewürzwarenhandel. Neben Bockshornklee, Curry-Sorten und Lavendelblüten kaufen Fans hier auch ihren Düsseldorfer ABB-Senf in den typischen blauen Töpfen.
Mertensgasse 25
Tel. 32 57 88
www.gewuerzhaus-altstadt.de

(F/G 2) Gut & Gerne
Rund 200 Schokoladen- und 30 Pralinensorten aus besten Kakaobohnen und von kenntnisreichen Chocolatiers stehen zur Auswahl. Auch ein Café ist zur Begleitung des süßen Genusses vorhanden.
Burgplatz 3-5, Tel. 86 39 96 96
www.schokoladen fachgeschaeft.de

(G 2) Haus zum Helm
Düsseldorf hat seit den 50er Jahren mit „Killepitsch" einen eigenen Kräuterschnaps. 98 Kräuter, Beeren und Früchte lagern dazu ein Jahr in alten Tongefäßen. In der Filiale an der Flinger Straße können Neugierige das fein-herbe Getränk nicht nur kaufen, sondern in der Probierstube „Et Kabüffke" auch probieren.
Flinger Str. 1, Tel. 542 21 05
www.killepitsch.de

(E 8/9) Lettinis
Stefania Lettinis Laden ist voller Köstlichkeiten aus Italien. Feine Weine, Olivenöle, hausgemachte Konfitüren, Paste und Spezialitäten. Für Wissbegierige gibt es Weinproben oder auch ein Olivenölseminar. Wer hier nicht genug Italianità kriegt, kann auch eine Reise nach Italien buchen.
Jahnstraße 36
Tel. 586 36 38
www.lettinis.de

(G 2/3) Münstermann Delikatessen
In der vierten Generation verkauft Familie Münstermann Lebensmittel und Delikatessen. Wer Appetit bekommt, kann im angeschlossenen Bistro Kontor den Gaumen verwöhnen.
Hohe Straße 9-13
Tel. 130 04 30
www.muenstermann-delikatessen.de

Frau Seegers Gewürzhaus: Kräuter, Früchte und vor allem Senf

(G 2) Senf-Laden
Hier gibt es nicht nur Radschläger- und ABB-Senf sowie seltene Sorten zu kaufen, auch ein kleines Museum zur Senfgeschichte und gehört dazu.
Berger Straße 29
www.duesseldorfer-senfladen.de

MODE

(G 3) American Apparel
US-Erfolgslabel für urbanes Unterstatement. T-Shirts, Leggings, Unterwäsche – alles nicht zu teuer und trotzdem gut fürs Gewissen: Produziert wird nicht im Billiglohnland, sondern in Kalifornien.
Königsallee 90, Tel. 301 43 78
www.americanapparel.net

Claudia Rüdinger
Die Filialen von Claudia Rüdinger sind Orte für das gewisse Etwas, sei dies nun verführerische Unterwäsche oder ein schicker Badeanzug.
(E 7) Immermannstraße 22
(E 7) Steinstraße 20
Nur Damen:
(G 2/3) Königsallee 60 (Kö-Galerie)

(G 2) Eickhoff
Dior, Gucci, Armani, Versace – was in der Modewelt Rang und Namen hat, hängt höchstwahrscheinlich auch bei Albert Eickhoff. Er gehört zu den wichtigsten Mode-Einzelhändlern Europas und präsentierte anno 1978 erstmals Versace-Kreationen in Deutschland. Ein teurer Tempel des guten Stils.
Königsallee 30

Hier kaufen Hausfrauen und Spitzenköche: der tägliche Markt auf dem Carlsplatz

Tel. 862 01 00
www.eickhoff-koenigsallee.de

(G 3) **Ela**
Seit über 30 Jahren präsentiert Gabriela Holscher mit gutem Gespür für kommende Trends neben etablierten Labels auch junge, innovative Designer.
Hohe Straße 16, Tel. 38 33 68
www.ela-selected.com

(E 8) **Fashion Clinic**
Mit „nonkonformistischer Damenmode" behandelt die Klinik ihre Patienten, „Kompositionen aus Nouvelle Vague und klassischer Eleganz". Das bedeutet: Bekleidung von Labels wie Kenzo, A.F. Vanderfrost und Hussein Chalayan.
Grünstr. 5, Tel. 165 97 94
www.fashion-clinic.de

(G 2) **Filippa K.**
Mode aus Skandinavien in dezenten, harmonischen Farben. Sowohl Elegantes wie auch Einfaches.
Breite Str. 7, Tel. 52 09 95 80
www.filippa-k.com

(G 2) **Identità Italiana**
Junge italienische (und auch andere) Designermode für Damen und Herren, inklusive der nötigen Accessoires. Preiswerter als die ganz Großen.
Carlsplatz 22, Tel. 869 30 88

(G 2) **Jades**
Treffpunkt für „Fashion Victims", hier präsentieren auch Promis wie Justin Timberlake und Victoria Beckham ihre Mode-Kollektionen. Besonders am Samstag ist der Trendlabel-Shop ein Erlebnis. Noch mehr Mode gibt es gleich gegenüber im „MoreJades".
Heinrich-Heine-Allee 53 u. Breite Str. 1, Tel. 869 39 69
www.jades-fashion.de

(G 6) **Jolie Folie**
Dorothée Zimmermann näht in ihrem Atelier in Flingern ausgefallene Unikate, seien es Stofftiere, Taschen oder Kleider.
Ackerstraße 142
Tel. 66 96 72 14
www.joliefolie.de

Kleidsam & funky kleidsam
Zwei Kleiderläden für Frauen: Klein und persönlich, mit ausgewählten Kleidungsstücken aktueller Labels (Blutsgeschwister, Lucid 21, Skunkfunk) zu erschwinglichen Preisen.
(C 9) Neusser Straße 123
Tel. 303 38 60
(G 6) Ackerstraße 145
Tel. 61 08 99 56
www.kleidsam-im-netz.de

(G 2) **Milian**
In Annette Görtz' schickem Laden reihen sich die eigenen Kollektionen an Kreationen von Topdesignern wie Issey Miyake, Jean Paul Gaultier und Neil Barret. Für sie und ihn.
Trinkausstr. 7, Tel. 32 99 94
www.annettegoertz.de/milian

(G 6) **Mischwaren**
In einem schönen Jugendstilhaus in Flingern präsentieren Christina Ermert und David Holtkamp das, was sie in ihrer Heimatstadt Düsseldorf vermissen. Nämlich Jeans von Cheap Monday oder Mono Concept, T-Shirts von Amplified und Schuhe von Victoria.
Hoffeldstraße 46
Tel. 59 81 32 78
www.mischwaren.de

(C 9) **Neidfaktor**
Der kleine Laden in Unterbilk ist eine Plattform für junge Designtalente, daher gibt es hier viele Einzelstücke und Kleider, die noch vor kurzem nur als Skizzen existierten. Motto: „Ich hab' was, das du nicht hast."
Lorettostraße 7
www.neidfaktor.com

(G 2) **Norman Icking**
Elegant, feminin und verspielt ist die Mode von Norman Icking. Eine gute Adresse für festliche Damenkleider.
Kasernenstr. 6, Tel. 13 13 17
www.norman-icking.de

(D 5/6) **Paristokyopempelfort**
Drei Grafikdesigner werkeln an Projekten und präsentieren zusammengestellte und eigene Streetwear. Viele T-Shirts, u.a. von der Hausmarke 31nord.
Fischerstr. 3, Tel. 598 95 06
www.paristokyopempelfort.com

(E 7) **Peek & Cloppenburg**
Schon über 100 Jahre gibt es den Mode-Filialisten in Düsseldorf, zum runden Geburtstag wurde 2001 der vom New Yorker Architekten Richard Meier entworfene Flagship Shop eingeweiht. Kleidung von preiswert bis exklusiv, insbesondere für Herren.
Berliner Allee 1, Tel. 86 70 60
www.peek-cloppenburg.de

(D 9) **stre'low camp 2**
In einem hellweißen Laden in Unterbilk zeigt die Modedesignerin Marion Strehlow ihre puristischen Kollektionen, die mit verspielten Details überraschen.
Bilker Allee 62, Tel. 994 43 35
www.stre-low.com

(G 6/7) **Ursbob**
Die Düsseldorfer Designerin Ulla Meiners erstellt markante Kleider in kräftigen Farben, auf Wunsch auch maßgeschneidert.
Hermannstr. 33, Tel. 699 96 96
www.ursbob.de
nur Di-Fr 15-19.30 Uhr oder nach Vereinbarung

SCHMUCK UND ACCESSOIRES

(G 2) **Cebra**
In ihrer Galerie bietet Anemone Tontsch Ringe, Armreifen, Ketten und weitere zierende

MERIAN | TIPP

Personal Shopper

Wer sich angesichts der Warenfülle nicht entscheiden kann oder eine neue Marke für seinen Stil sucht, bekommt in Düsseldorf kompetente Hilfe . Der „Personal Shopper", ein hoffentlich stilsicherer Modeberater, begleitet Kaufwillige durch die Innenstadt, lauscht ihren Wünschen und Vorstellungen, führt sie dann in die passenden Geschäfte und informiert über Farbe, Stil und Mode. 110 Euro kostet eine zweistündige Shopping-Tour (max. 2 Personen) – Ausdauernde können sie für 55 Euro pro Stunde auch verlängern.
Schriftliche Buchung über: Düsseldorf Tourismus Postfach 10 21 63 40012 Düsseldorf Tel. 17 20 28 54 willkommen@duesseldorf-tourismus.de

Ware von über 280 Schmuckgestaltern und aus ganz unterschiedlichen Materialien feil.
Andreasstr. 25, Tel. 32 32 12
www.galerie-cebra.de

(G 2) **Crumpler**
Die Taschen und anderen Reiseaccessoires der australischen Marke sind nicht nur äußerst robust, sondern auch formschön. Auch wenn sie von außen nicht groß erscheinen: Es passt verdammt viel rein.
Benrather Str. 8, Tel. 130 64 76
www.crumpler.de

(G 3) **Curvesstyle**
Im Laden hängt allerlei Stilvolles für Damen mit etwas weiter geschwungenen Kurven, von Arbeits-, über Freizeit- bis hin zu schicken Abendkleidern.
Schwanenmarkt 25
Tel. 860 60 72
www.curvesstyle.com

(G 6) **Das Krönchen**
Alexa Müller verwendet Originalmaterial aus den 50er bis 70er Jahren – etwa Gardinen und Luftmatratzen – und fertigt daraus u.a. blumig-bunte Taschen, Gürtel und Röcke.
Lindenstraße 186
Tel. 01 73 973 22 44
www.das-kroenchen.de
Mi-Fr 15-19, Sa 11-16 Uhr

(E 4/5) **Fachgeschäft**
Tatsächlich ein Geschäft voller Mietfächer, in denen findige Gestalter und Minilabels ihre Waren präsentieren können, ob Filzblumenringe, Kuscheltiere oder Röcke.
Collenbachstraße 37
Tel. 440 75 70
www.fach-geschaeft.de

(G 3) **Furla**
Das Traditionsunternehmen aus Bologna stellt auch in Düsseldorf zeitlos schöne Ledertaschen und -schuhe aus Italien sowie Accessoires zur Schau.
Königsallee 68, Tel. 300 41 74
www.furla.com

(F 5) **Galerie Steinreich**
Anke Plöger entwirft Schmuck, mal modern-schlicht, mal in außergewöhnlicher Form. Viele Ringe, auch Trauringe.
Tußmannstr. 70, Tel. 46 31 33
www.galerie-steinreich.de

(G 2) **Georg Hornemann**
Ausgezeichnete Juwelierskunst auf hohem Niveau, präsentiert in einem Ambiente, das sich auf das Wesentliche konzentriert, auf den skulpturartigen, phantastischen Schmuck.
Königsallee 46, Tel. 32 00 68
www.georghornemann.de

(G 2/3) **Mytho Accessoires**
Hier wird die Nebensache zur Hauptsache: Damenschuhe von Guglielmo Rotta, Taschen von Tosca Blu, Schmuck von Hertl und weitere teure Marken warten schön präsentiert auf Käuferinnen.
Königsallee 60 (Kö-Galerie)
Tel. 32 99 55
www.mytho-accessoires.de

(G 3) **Orfèvre**
Schmuckgalerie mit Ausstellungen zur Goldschmiedekunst der Gegenwart. Gezeigt werden Preziosen der Inhaber Marie Hassenpflug, Peter Hassenpflug und Michael Kunze und Werke von weiteren Künstlern aus dem In- und Ausland.
Bastionstraße 35
Tel. 32 53 28
www.orfevre.de

Europas edelste Marken? Eickhoff führt und verkauft sie

üsseldorfs luxuriöseste Mall:
4 Geschäfte und Res-
aurants warten im „Sevens“

(G 2) **Tiffany & Co.**
Es glitzert und funkelt in einem der wenigen deutschen Filialen des weltbekannten Luxusjuweliers aus den USA. Diamantringe, Uhren und Designschmuck, u.a. vom Architekten Frank O. Gehry.
Königsallee 18, Tel. 13 06 50
www.tiffany.com

SCHUHE

(G 2) **Cocolette**
Man gibt sich inspiriert von der Eleganz Audrey Hepburns und präsentiert eine exquisite Auswahl an hochwertigen Damenschuhe und Accessoires.
Königsallee 28, Tel. 569 43 75
www.cocolette.com

(G 2) **Prange**
Die Lage ist exklusiv und die Auswahl an Damen- und Herrenschuhen groß. Vom Adidas-Sneaker bis zu extravaganten High-Heels namhafter Designer wie Dolce & Gabbana ist alles vertreten.
Königsallee 28 und 48
Tel. 361 52 52 und 361 51 43
www.prangegruppe.de

(G 2) **Schuhwiese**
Der Laden in der Altstadt hat sich auf Naturschuhe aller Art spezialisiert, zu den angebotenen Marken gehören Camper, Think und Clarks.
Kapuzinergasse 3-5
Tel. 854 90 34
www.schuhwiese.de

(G 2) **Snipes**
Shop für Treter mit urbaner Straßentauglichkeit: Wer Sneakers und Turnschuhe mag, wird sich an der riesigen Wand mit über 300 aktuellen Modellen kaum sattsehen können.
Mittelstr. 20, Tel. 836 84 71
www.snipesweb.com

TRÖDELMARKT

(E 2) **Radschlägermarkt**
Jeden Monat findet, meist am zweiten Sonntag, auf einem Großmarktgelände ein Flohmarkt mit vielerlei Altem und mehr oder weniger Schönem statt.
Ulmenstraße 275
www.radschlaegermarkt.de

WEITERE GESCHÄFTE

(G 6/7) **Flinger Botschaft**
In dem typischen kleinen Flingern-Laden reihen sich bezahlbare, witzige Dinge wie eine Exliebhaber-Voodoopuppe oder ein High-Heel-Tortenheber an Klamotten von Panuu oder Silberfischer.
Ackerstr. 113, Tel. 99 36 85 40
www.flinger-botschaft.de

(G 2/3) **La Casa del Habano**
Kubanische Zigarren mit Literatur und Accessoires fürs gepflegte Rauchen.
Königsallee 60c, Tel. 868 16 81
www.la-casa-del-habano-duesseldorf.de

MERIAN | FLUSSKORREKTUR

Mulvanys Traum

Ein Ire war Entwicklungshelfer der Industrieregion Ruhrgebiet. Für Düsseldorf hatte er große Pläne

William Thomas Mulvany wurde 1806 in Sandymount bei Dublin geboren. Seine Karriere in der Heimat ging früh zu Ende. Noch vor dem 50. Geburtstag wurde der begnadete Vermessungs- und Wasserbauingenieur aus dem Staatsdienst entlassen, wohl aus politischen Gründen. Doch Mulvany hatte Glück: Kurz darauf holte man ihn als Experten ins Ruhrgebiet. Kohlefelder sollte er dort erschließen. Der Ire erkannte das Potenzial der tief unten liegenden Reichtümer und witterte seine Chance. In kurzer Zeit brachte er das für den Abbau nötige Wissen und Kapital zusammen und gründete die Zechen „Erin" in Castrop, „Hibernia" in Herne und „Shamrock" in Gelsenkirchen. Dieser Anfangserfolg von **William Thomas Mulvany** war mitentscheidend für die Entwicklung des Ruhrgebiets zu einem der bedeutenden Industriestandorte in Deutschland.

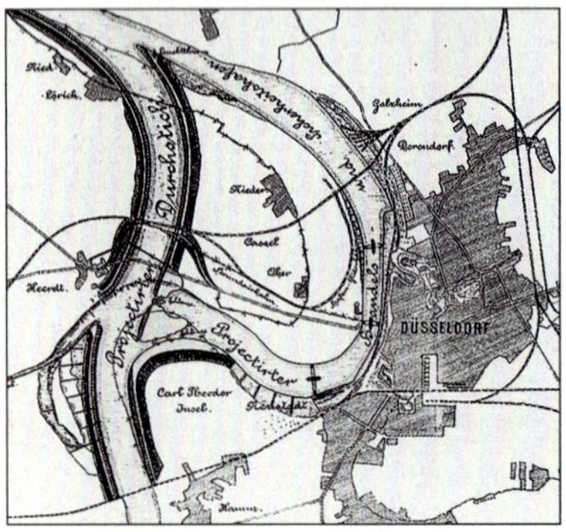

Irische Ideen: Fast wäre Oberkassel eine Insel geworden

Doch der umtriebige Ingenieur und Industrielle wollte sich nicht auf den Kohleabbau beschränken. Seine Pläne gingen weit – auch für Düsseldorf, wo er sich mit seiner Familie 1855 niedergelassen hatte. Die Stadt sollte zu einem großen Logistikstandort werden. Dafür gründete er mit anderen Unternehmern mehrere Wirtschaftsverbände, die das Ziel hatten, insbesondere das Transportwesen in der Gegend zu befördern. Düsseldorf sollte zum Eisenbahnknotenpunkt werden – und den größten Binnenhafen des Festlands erhalten. Dazu plante Mulvany einen Rheindurchstich zwischen Lörick und Heerdt. Wäre er realisiert worden, stünden heute in Ober- und Niederkassel Kräne statt Villen. Das linksrheinische Gebiet wäre zur Insel geworden.

Die Einbruch der Finanzmärkte 1873 und die nachfolgende Gründerkrise machten die Pläne zunichte. Investoren sprangen ab, schließlich gingen die Zechen pleite. William Thomas Mulvany starb 1885 im Alter von 79 Jahren. Sein Ehrengrab befindet sich auf dem Nordfriedhof. Trotz seiner Leistung für die Region ist der irische Wahl-Düsseldorfer heute weithin vergessen.

GESCHICHTSDATEN

um 700 Swidbert gründet in Kaiserswerth ein Kloster.
um 1045 Kaiserswerth wird zur Kaiserpfalz ausgebaut.
Mitte 12. Jh. In einer Kölner Urkunde wird erstmals „Dusseldorp" genannt.
1288 Schlacht bei Worringen, Düsseldorf erhält Stadtrechte.
1570-73 Bau des („Alten") Rathauses am Markt.
1679-1716 Johann Wilhelm II. von Pfalz-Neuburg („Jan Wellem") regiert in Düsseldorf, ab 1690 als Pfälzer Kurfürst.
1773 Gründung der heutigen Kunstakademie.
1787 Anlage der Carlstadt.
1795-1801 Besetzung durch französische Truppen.
1797 Geburt Heinrich Heines.
1801-06 Herzog Wilhelm regiert Düsseldorf als Statthalter des bayerischen Kurfürsten.
1804 Auf den geschleiften Festungsanlagen werden der neue Hofgarten und breite Straßen angelegt (heute Heinrich-Heine- und Königsallee).
1806-15 Düsseldorf ist Hauptstadt des Großherzogtums Berg unter Napoleons Marschall und Schwager Joachim Murat.
1811 Erste Gewerbeausstellung (Anlass: Napoleons Besuch).
1815 Düsseldorf wird preußische Provinzstadt.
1856 Fund der 42 000 Jahre alten Überreste eines Frühmenschen im Neandertal.
1872 Ein Brand zerstört das Schloss fast vollständig.
1889 Gründung des Rüstungsbetriebs Rheinmetall-Werke.
1897 Mannesmann errichtet ein Röhrenwerk in Rath.
1926 Ausstellung für Gesundheitspflege, soziale Fürsorge und Leibesübungen (GeSoLei).
1937 Mit der „Reichsausstellung Schaffendes Volk" inszeniert sich Düsseldorf als wuchtige Nazi-Gauhauptstadt.
1946 Düsseldorf wird Hauptstadt von Nordrhein-Westfalen.
1962 Hochstraße über den Jan-Wellem-Platz („Tausendfüßler").
1967 Neue Kunsthalle.
1973 Baubeginn der U-Bahn.
1987 Bundesgartenschau.
1993 Der Rheinufertunnel wird dem Verkehr übergeben.
1995 Eröffnung der neu gestalteten Rheinuferpromenade.
1999 Fertigstellung des Neuen Zollhofs (Gehry-Bauten).
2002 Im ehemaligen Ständehaus wird die Kunstsammlung K21 eingerichtet.
2005 Neue Mehrzweck-Arena beim Messegelände.

INFORMATION

Touristeninformation
(F 8) Immermannstraße 65 b
Tel. 17 20 28 44
Mo-Sa 9.30-19 Uhr, Sonderöffnungszeiten bei großen Messen

(F 2) Marktstraße/Rheinstraße
Tel. 17 20 28 40
Mo-So 10-18 Uhr

Öffentlicher Nahverkehr
Der Verkehrsverbund Rhein-Ruhr betreibt in Düsseldorf ein gut ausgebautes Nahverkehrsnetz mit Bussen und Bahnen.
www.vrr.de *Tagesticket 5,20 €, Gruppen bis 5 Pers. 11,40 €*

Internet
www.duesseldorf-tourismus.de
Infos zu Hotels, Veranstaltungen und Shopping.

www.duesseldorf.de
Offizielle Website. Ausführlich, verlässlich, gut geschrieben.

www.dticket.de
Online-Ticketsystem für Konzerte und Veranstaltungen.

duesseldorf.prinz.de
Online-Ausgabe des Düsseldorfer Szenemagazins.

Düsseldorf WelcomeCard
Ermäßigungen oder freier Eintritt in zahlreiche Museen, Vergünstigungen für Kulturanlässe und freie Fahrt auf Bussen und Bahnen der Stadt.
9/14/19 € für 1/2/3 Tage; für Familien (bis 4 Pers.) und Gruppen (bis 3 Pers.) gilt der doppelte Preis

Vorwahl: 0211

MERIAN-Stadtplan
DÜSSELDORF
Düsseldorf Innenstadt
© MERIAN-Kartographie
250m
Stockum
Unterrath
Derendorf
Golzheim
Oberkassel
Altstadt
Carlstadt
Nordfriedhof
Jüdischer Friedhof
Nordpark
Japanischer Garten
Löbbecke-Museum, Aquazoo
Messegelände
Service-zentrum
Rhein-halle
Stadt-halle
Freibad Lörick
Wasserwerk Lörick
Rheinpark
Rhein
Radschlägermarkt
Rechenzentrum NRW
Justiz-vollzugs-anstalt
Ministerium
Finanzamt, Stat. Landesamt
Synagoge
Robert-Schumann-Hochschule
Oberlandes-gericht
Dreifaltig-keitsk.
St.-Vinzenz-Krkhs.
Zoopark
Eis-stadion
EKÖ-Haus
Junges Schauspielhaus
Kleingärten
Danziger Str.
Kaiserswerther Str.
Ulmenstr.
Kalkumer Str.
Uerdinger Straße
Kennedydamm
Cecilienallee
Theodor-Heuss-Brücke
Robert-Lehr-Ufer
Rotterdamer Str.
Stockumer Kirchstr.
Heinrich-Ehrhardt-Str.
Johannstr.
Roßstr.
Münsterstr.
Jülicher Str.
Brehmstr.
Heinrichstr.
Grunerstr.
Yorckstr.
Rather Str.
Klever Str.
Fischerstr.
Brüsseler Str.
Lütticher Str.
Am Seestern
Kaiser-Friedrich-Ring
Niederkasseler Deich
Am Pappelwäldchen
An der Piwipp
Thewissen-weg
Edith-Stein-Weg
Sandweg
Kittelbach
Flughafen, Maritim Hotel
Kaiserswerth, MutterHaus
Messe Ost/ Stockumer Kirchstr.
Sportpark Nord/ Europaplatz
Nordpark/ Aquazoo
Reeser Pl.
Th.-Heuss-Brücke
Golzheimer Pl.
Kennedy-damm
Victoriapl./ Klever Str.
Am Seestern
D.-Derendorf
Oberkasseler Brücke
Rheinkniebrücke
Rheinufertunnel
Hofgarten
Festwiese
NRW-Forum Kultur u. Wirtschaft
Tonhalle
Kunstakademie
Kunstsammlung K20
Kunsthalle
Opernhaus
St. Lambertus
Schlossturm, Schifffahrtsmuseum
Radschlägerbr.
Akademie-Galerie
Rathaus
Jan Wellem
Hetjens-Museum, Filmmus.
Senf-mus.
Carsch-Haus
W.-Marx-Haus, FFT JuTA
Heinrich-Heine-Institut
Palais Wittgenstein, Marionetten-theater
Stadt-museum
Spee's Graben
Apollo-Varieté
Landtag NRW
Rhein-turm
KIT
Innen-ministerium
Schwanen-spiegel
Königsallee
Breite Str.
Kasernenstr.
Graf-Adolf-Pl.
GAP15

MERIAN live! Düsseldorf Christel Juchniewicz, Travel House Media 2008, 128 S., 9,95 € Handlicher Reiseführer mit allen wichtigen Infos zur Stadt. Ein praktischer Begleiter, egal ob zum Shoppen, Spazieren oder für eine Altbiertour.

14,90 € Nicht immer ist die Vergangenheit auf den ersten Blick erkennbar. Daher fasziniert dieser Reiseführer, der für kulturhistorische Zusammenhänge die Augen öffnet und die Gebäude und Plätze der Stadt im Wandel der Zeit porträtiert.

AKTIV

Mit dem Fahrrad rund um Düsseldorf Edwin Süselbeck, Bachem 2009, 112 S., 14,95 € Der Fahrradführer beschreibt zwölf zwischen 16 und 48 Kilometer lange Strecken zwischen Grevenbroich und Ratingen. Mit Kartenmaterial.

BILDBÄNDE

Düsseldorf Florian Monheim (Fotos), Angela Pfotenhauer (Text), Greven 2002, 160 S., 49,90 € Gelungenes optisches Stadtportrait von dem Architekturotografen Florian Monheim, ergänzt durch ein Essay von Angela Pfotenhauer.

Düsseldorf. Stadt der Gegensätze Ogando, Emons 2003, 184 S., 29,80 € Mit modernen Fotografien zeigt Ogando, wie in der Stadt Gegensätzliches scheinbar wie selbstverständlich nebeneinander liegt.

HÖRBUCH

Düsseldorf – ein akustischer Streifzug zwischen Rheinufer und Worringer Platz geophon 2003, 74 Min., 14,90 € Die perfekte Einstimmung auf den Düsseldorf-Besuch: Interviews, Klänge und Berichte, u.a. mit Peter Weiss, Horst Eckert und dem Kabarettisten Manes Meckenstock.

LITERATUR

Streng geheim! Der kleine Kö-Roman Jens Prüss, Peter Jamin, Grupello 2000, 64 S., 5 € Ein heiterer Straßenroman mit einer abstrusen Geschichte rund um die Kö, beobachtet vom mehrsprachigen Köter Feldmann. Illustriert von Thomas Klefisch.

HEINE

Seine Äußerungen über Düsseldorf sind spärlich und übers ganze Werk verteilt: Heine-Texte mit autobiographischen Zügen findet man in den „Geständnissen" (eher literarisch), den „Memoiren" (privat) und dem „Buch Le Grand" (bekannte Passagen über Düsseldorf und Napoleon). Wer nicht lange suchen will, kann die Quellen am besten nachlesen in der Online-Gesamtausgabe unter www.heine-portal.de

SACHBUCH

Ich, Johanna Ey Marie Althöfer, Susanne Anna (beide Hg.), Droste 2009, 192 S., 24,90 € Publikation zu einer Ausstellung im Stadtmuseum über die Geschäftsfrau und Galeristin Johanna Ey. Begleitet wird die fundierte Darstellung von einem Kurzroman, den die Autorin Marlene Streeruwitz über die oft portraitierte Frau geschrieben hat.

Joseph Beuys, Düsseldorf Susanne Anna (Hg.), Hatje Cantz 2008, 236 S., 29,80 €

Dokumentation mit bisher unveröffentlichtem Material über das Wirken von Joseph Beuys in Düsseldorf.

Kleine Düsseldorfer Stadtgeschichte Fritz Dross, F. Pustet 2007, 160 S., 12,90 € Das Standardwerk zur Stadtgeschichte von Hugo Weidenhaupt ist vergriffen, Fritz Dross leistet in dessen Fußstapfen aber mindestens ebenso gute Arbeit. Kompakt, mit Zeittafel und Personenregister.

Ons Platt - schwazz op wiss Heinz Engels, Droste 2008, 192 S., 13,95 € Für alle Mundartfreunde: Ein Wörterbuch des Düsseldorfer Platt.

Streit am Rhein – Das Buch über Köln und Düsseldorf Jutta Gay, Lund 2006, 112 S., 7,90 € Kölsch oder Alt? Mit Witz und Verstand wird der Leser an den alten Konflikt zwischen den zwei Städten herangeführt.

SZENE

Prinz Top Guide Düsseldorf div. Autoren, Jahreszeiten Verlag 2009, 178 S., 5,90 € 700 Shops, Restaurants, Bars und Clubs hat die Redaktion besucht, getestet und bewertet.

GESCHICHTE

Düsseldorf wie es war Michael Brockerhoff, Droste 2008, 176 S., 22,95 € Eine Fülle historischer Fotos und viele kenntnisreiche Texte, die die Entwicklung der Stadt begleiten.

Die Düsseldorfer Malerschule 1819-1869 Hütt, Wolfgang, E. A. Seemann, Leipzig 1995, antiquarisch Schadow, Achenbach, Hasenclever und wie sie Düsseldorf sahen. Nicht nur kunsthistorisch interessant, sondern auch stadtgeschichtlich.

Jan Wellem – ein Barockfürst in Düsseldorf Klaus Müller, Droste 2008, 64 S., 7,95 € Eine Großtat des Historikers Klaus Müller: Zum 350 Geburtstag des Kurfürsten Johann Wilhelm II. (1658-1716) ist es ihm gelungen, alles Wichtige über ihn auf nur 64 gut lesbaren Seiten unterzubringen: Seine politische Rolle, sein Einfluss auf Düsseldorf, seine Liebe zur Kunst.

Neandertal. Die Geschichte geht weiter Ralf Schmitz, Jürgen Thissen, Spektrum 2002, 327 S., 15,50 € Spannend und persönlich geschriebenes Buch zur Geschichte des Neandertalers, die Wiederentdeckung der Fundstätte durch die Autoren und den bei weiteren Grabungen geborgenen Funden.

Sechzig. Wir verlängern. Kom(m)ödchen Kuratorium der Kay und Lore Lorentz Stiftung Düsseldorf (Hg.), Droste 2007, 220 S., 19,90 € Der Jubiläumsband erzählt die Geschichte des ältesten Kabaretts in Deutschland anhand vieler Originalfotos, Interviews und Texten bekannter Persönlichkeiten, die dem Haus verbunden sind.

KALENDER

PastFinder Düsseldorf PastFinder 2008 19,90 € Der Düsseldorfer Verlag bringt außer erhellenden Zeitreiseführern auch Kalender heraus, die historische Aufnahmen in hoher Qualität zeigen.

August

Kunstpunkte
An jeweils zwei Wochenenden sind die Türen der Kunstateliers für Besucher geöffnet. Für Teilnehmer von geführten Touren durch die Werkstätten steht ein Shuttle-Bus zur Verfügung.
www.kunstpunkte.de

September

Altstadtherbst
Kulturfestival in und rund um die Altstadt mit Konzerten, Tanz, Akrobatik und mehr.
www.altstadtherbst.de

Kö-Lauf
Kein Marathon, aber doch laufen im Hebst wieder viele Sportler durch die Kö. Das Programm reicht von Kinderläufen bis zum 10-Kilometer-Rennen.
www.europa-marathon.eu

Quadriennale
Oberbürgermeister Dirk Elbers nennt das aufwendige Projekt ein „Fest der Bildenden Künste“: 2010 soll zum zweiten Mal die Quadriennale Düsseldorf stattfinden. Neun Düsseldorfer Museen und Ausstellungshäuser bereiten dazu Ausstellungen vor, u.a. zu Nam June Paik, Joseph Beuys, Stephen Shore und zu Kunst in den achtziger Jahren.
www.artcity-duesseldorf.de
Herbst 2010

Dezember

Weihnachtsmarkt
Weihnachtsmarkt mit Rahmenprogramm, u.a. auf dem Markt, Heinrich-Heine- und Gustav-Gründgens-Platz sowie entlang der Flinger Straße.
www.duesseldorf-weihnachts-markt.de

Skilanglauf Weltcup
Kunstschnee sei Dank: Der Langlauf-Weltcup findet mitten in Düsseldorf statt. Die Loipe wird jeweils direkt am Rheinufer aufgebaut.
www.worldcup-duesseldorf.de

MERIAN | LITERATUR

Heinrich Heine

Wer sich in Düsseldorf auf die Spuren des Autors begibt, wird gleich mehrmals fündig

Mit etwas Phantasie kann sich ein Spaziergänger zumindest frühmorgens noch gut vorstellen, wie der kleine Heinrich zu Beginn des 19. Jh. von seinem Schulort, dem Franziskanerkloster (Schulstraße 11), zur Bolkerstraße rannte. Dort hinein in die Nummer 53, in dessen Hinterhaus er am 13. Dezember 1797 geboren worden war. 1811 konnte er erleben, wie Napoleon I. in die Stadt zog. Das Gedicht „Die Grenadiere“ zeugt von diesem prägenden Ereignis. Erst 1816 verließ Heine die Stadt. Das Geburtshaus hat die zwei Jahrhunderte überdauert, nach einer aufwendigen Renovierung heißt es nun **Heine-Haus** und ist Literaturzentrum. Figuren des Schweizer Sprühkünstlers Harald Naegeli zieren die Innenhofmauern, eine Buchhandlung sorgt für Lesestoff, selbstverständlich finden regelmäßig Lesungen statt.

Noch mehr Heine: Antiquariat in der Citadellstraße

Auch in der Carlstadt etwas weiter südlich ist der Autor noch gegenwärtig. An der Bilker Straße 12-14 arbeitet das **Heine-Institut**. Nicht nur wegen seiner Forschungseinrichtungen wie der Bibliothek und dem Archiv ein Ziel von Liebhabern Heines. Das Institut pflegt auch das weltweit einzige Museum, das Heinrich Heine gewidmet ist. Es porträtiert dessen Leben und Werk und zeigt kostbare Autografe, Manuskripte, Briefe, Bilder oder auch Erinnerungsstücke an das Geburtshaus. Über das Museum ist zudem der Besuch des letzten gemeinsamen Wohnhauses von Robert und Clara Schumann an der Bilker Straße 15 möglich. Wer indes noch nicht genug Heine hat, kann ihm zum Schluß am Schwanenmarkt die Ehre erweisen. Dort steht ein modernes Heine-Monument, erschaffen vom Künstler Bert Gerresheim.

(G 2/3) **Heine-Institut mit Museum** Bilker Straße 12-14
Tel. 899 29 02, www.duesseldorf.de/heineinstitut
Di-Fr/So 11-17, Sa 13-17 Uhr; 3 €
(G 2) **Heine-Haus** Bolkerstraße 53, Tel. 311 25 22
www.heinehaus.de

REISEFÜHRER

Altstadt, Kö und Hafen
Peter Eickhoff, Droste 2008, 128 S., 9,95 € Eickhoff beschränkt sich auf die drei genannten Teile der Stadt und kann dafür dort umso mehr ins Detail gehen.

Architekturführer Düsseldorf
Roland Kanz und Jürgen Wiener (beide Hg.), Reimer 2001, 210 S., 22,50 € Fundierte Informationen zu 269 architektonisch interessanten Objekten in Düsseldorf, u.a. mit Grund- und Aufrissen, Schnitten, Lageplänen und Register.

Kax, Kaschott und Karzer
Antje Kahnt, Bachem 2005, 48 S., 5 € Mit dem Buch in der Hand begibt sich der Leser auf eine Reise durch Kriminalfälle im alten Düsseldorf. Die Autorin präsentiert Ganoven und Henker und führt zu historischen Richtstätten und Gefängnissen.

Kulturverführer Düsseldorf und Umgebung Olaf Weiden, Hans C. Zimmermann, Hanna Styrie u.a., Metz 2007, 175 S., 14,80 € Umfangreicher Führer durch die Kulturstadt Düsseldorf. Infos zu Theater, Musik, Oper, Jazz, Szene, Kinos, Museen, Galerien und Literatur.

Orte in Düsseldorf
Michael Brockerhoff, Droste 2009, 128 S., 9,95 € Düsseldorf ist nicht nur Düsseldorf, sondern auch Kaiserswerth, Benrath und Gerresheim. Der Autor nimmt den Leser mit auf 20 Stadtteil-Streifzüge und spürt dabei Geschichten und Traditionen auf.

PastFinder Düsseldorf
Alexander Scherer, Maik Kopleck (Hg.), PastFinder 2008, 168 S.,

Pempelfort
Düsseltal
Niederkassel
Oberkassel
Altstadt
Carlstadt
Stadtmitte
Friedrichstadt
Unterbilk
Oberbilk
Flingern Nord
Flingern Süd
Medienhafen
Städtische Häfen
Volksgarten
Rhein
Siehe Karte rechts oben
Festwiese
Hofgarten
Malkastenpark
Hauptbahnhof
Rheinterrasse
Tonhalle
NRW-Forum Kultur u. Wirtschaft
museum kunst palast
Kunstakademie
Kunstsammlung K20
Kom(m)ödchen
St. Lambertus
Schlossturm, Schifffahrtsmus.
Akademie-Galerie
Rathaus
Heine Haus
Opernhaus
Kaufhof a.d. Kö
Schauspielhaus
Dreischeibenhaus
Theatermuseum
Finanzministerium
Schloss Jägerhof, Goethe-Museum
Jacobihaus
Malkasten
Schadow-Arkaden
Börse
Johanneskirche
Justizministerium
Komödie
Palais Wittgenstein, Marionettentheater
H.-Heine-Institut
Stadtmuseum
Hetjens-Mus., Filmmus.
Apollo-Varieté
Landtag NRW
Rheinturm
Rheinpark Bilk
WDR
Gehry-Bauten (Neuer Zollhof)
Polizeipräsidium
Oberfinanzdirektion
Ständehaus
Bar am K21 Kaiserteich
Innenministerium
KIT
Puppentheater
Haus der Freude
Haus der Wissenschaft
Floragarten
Düsseldorf Arcarden
Landesministerien NRW
St. Martin
Alt St. Martin
Theater an der Luegallee
Julia Stoschek Collection
Stadtbad
Musikschule
Auferstehungskirche
Clara-Schumann-Musikschule
Tanzhaus NRW
Capitol
Alte Paketpost
Savoy
FFT Kammerspiele
FFT JuTA
Plange Mühle
Hafenbecken A
Hafenbecken B
Hafenbecken C
Hafenbecken Lausward I
Hafenbecken Lausward II
Luegallee
Oberkasseler Brücke
Düsseldorfer Str.
Königsallee
Graf-Adolf-Str.
Kölner Str.
Immermannstr.
Berliner Allee
Bilker Allee
Oberbilker Allee
Grafenberger Allee
Kaiserstr.
Duisburger Str.
Völklinger Str.
Herzogstr.
Corneliusstr.
Erasmusstr.
Rheinkniebr.
Philipshalle
Franklinbr.
Heerdter Sandberg

Die Stadt in Zahlen

Einwohner: ca. 585 000
Fläche: 217 km^2
Höchster Punkt: Sandberg Hubbelrath mit 165,2 M.ü.M.
Tiefster Punkt: Schwarzbachmündung mit 28,23 M.ü.M
Tourismus: ca. 3 Mio. Übernachtungen pro Jahr
Besucherzahlen: ca. 1,3 Mio. Museumsbesucher und ca. 1,4 Mio. Messebesucher pro Jahr
Politik: CDU 44,5 %, SPD 30,3 %, Grüne 12,3%, FDP 6,2%, PDS 2,9%, REP 1,7%, Sonstige 2,1% (Kommunalwahlen 2004)
Oberbürgermeister: Dirk Elbers (CDU, seit 2008)
Japan: 450 jap. Unternehmen und über 7 000 jap. Einwohner
Wichtige Unternehmen: E.ON, METRO Group, Henkel, Vodafone, LTU/Air Berlin, Rheinmetall, Messe und Flughafen Düsseldorf

Messe

Wer sich Düsseldorf in Ruhe anschauen möchte, sollte die Messezeit meiden. Dann steigen die Hotel- und Taxipreise in ungeahnte Höhen und die Betten werden schnell knapp. Magneten sind z.B. die Modemessen der Igedo (www.igedo.com) im Sommer, die Boot- und Wassersportmesse (www.boot.de) im Januar und das Weltforum der Medizin (www.medica.de). Ein weiterer Renner ist die K, dort geht es um Kunststoffe und Kautschuk (www.k-online.de). Auch die Caravan-Messe (www.caravan-salon.de) zieht viele Leute an. Bei letzterer sei die Stadt aber nicht überfüllt, erkärt einTaxifahrer: „Die bleiben bei ihren Campern und kommen erst gar nicht ins Zentrum!" Die genauen Messe-Termine bleiben nicht jedes Jahr gleich, zu finden sind sie unter
www.messe-duesseldorf.de

VERANSTALTUNGEN

Februar

Karneval
Wer den Karneval mag, freut sich das ganze Jahr, wer nicht, verlässt die Stadt. Der Spaß beginnt immer am 11.11., am Aschermittwoch schließlich fällt Düsseldorf zurück in den Normalzustand.
www.karneval-in-duesseldorf.de
Den genauen Verlauf und weitere Infos auf S. 101

Akademierundgang
Einmal im Jahr, in der Woche vor dem Karneval, zeigen die Studenten der Kunstakademie, was sie im vorheigen Jahr geschaffen haben.
www.kunstakademie-duesseldorf.de
siehe S. 42 und S. 112

Mai

Lange Nacht der Museen
In Düsseldorf macht die Museumsnacht durch die vielen spannenden Kulturinstitute besonders viel her. Bis spät in die Nacht ist vielerorts geöffnet, ein Kulturprogramm begleitet das nächtliche Treiben.
www.nacht-der-museen.de

Metro Group Marathon
Seit 2003 gibt es den Düsseldorfer Marathon. Er führt durch die ganze Stadt: vom nördlichen Rheinufer zur Messe, nach Nieder- und Oberkassel, durch die City nach Flingern, südlich zum Medienhafen und natürlich vor dem Ziel am Rheinufer noch einmal die Kö rauf und runter.
www.metrogroup-marathon.de

Schumannfest
Internationales Musikfestival rund um Robert Schumann. Es findet alle zwei Jahre statt, für 2010 haben sich die Veranstalter viel vorgenommen: Düsseldorf soll zum Aufführungsort sämtlicher Werke des Komponisten werden.
www.schumannfest-duesseldorf.de
Ende Mai bis Mitte Juni 2010

Düsseldorfer Jazzrally
Jazzfestival mit Konzerten in der ganzen Stadt. Auf den etablierten oder improvisierten Bühnen standen auch schon große Acts wie die Fantastischen Vier, der Fokus liegt aber bis heute stark auf Jazz, Blues und Soul.
www.duesseldorfer-jazzrally.de

ARAG World Team Cup
Tennis-Weltmeisterschaft der Mannschaften, die seit 1978 im Düsseldorfer Rochusclub ausgerichtet wird.
www.arag-world-team-cup.de

Juni

Bücherbummel auf der Kö
Seit fast 25 Jahren wird die Königsallee von der Mode- zur Büchermeile. Die riesige Freiluftbuchhandlung erinnert an die Pariser Bouqinisten am Seine-Ufer, doch der Bücherbummel ist auch ein Festival mit vielen Lesungen und weiteren Veranstaltungen.
www.buecherbummel-auf-der-koe.de *Mitte Juni für vier Tage*

Japantag
Großes Event an Rheinuferpromenade und Burgplatz. Es gibt Leckereien wie Sushi und Tempura, Kimono-Anproben, Kampfsport- und Manga-Vorführungen, Musik, kurz: unterhaltsame Einblicke in die japanische Alltagskultur. Höhepunkt ist das Feuerwerk (ab ca. 23 Uhr), das eigens für diesen Tag von japanischen Profis geschaffen wird.
www.japantag-duesseldorf-nrw.de

Radschlägerturnier
Zum 60. Mal findet Mitte Juni 2009 das Radschlägerturnier statt. Früher versuchten die Kinder durch das Radschlagen „eene Penning" zu verdienen, heute treten die acht- bis zwölfjährigen Kinder im Zeit- und Stilwettkampf gegeneinander an.
www.aldeduesseldorfer.de

Juli

Größte Kirmes am Rhein
Mehr als vier Millionen besuchen jedes Jahr die „größte Kirmes am Rhein" auf den Oberkasseler Rheinwiesen, was das Volksfest zu einem der größten in ganz Deutschland macht. Begründet wurde das Fest vom St. Sebastianus-Schützenverein von 1316. Der feierte jeweils ein Patronats- oder Kirchweihfest zum Namenstag des Stadtpatrons, des Heiligen Apollinaris. Aus dem bunten Rahmenprogramm hat sich das Kirmestreiben entwickelt. Mittlerweile gehört neben Gottesdiensten und Schützenfest auch der „Pink Monday" dazu: Am Kirmesmontag wird die Festwiese jeweils zu einem bunt-fröhlichen Treffpunkt für Schwule und Lesben.
www.schuetzen-1316-duesseldorf.de
3. Juliwoche

Sehenswert

Akademie-Galerie .... F 2
Botanischer Garten .... G 12/13
Goethe-Museum .... E 6
Golzheimer Friedhof .... D 5
Hetjens-Museum .... F 2
Hofgarten .... G 1, E 6
Jan-Wellem-Denkmal .... F 2
Kom(m)ödchen .... G 1/2
Königsallee .... G 2/3
Kunstakademie .... G 1
Kunsthalle .... G 2
Kunstsammlung K20 .... G 1
Löbbecke-Museum und Aquazoo .... B 3
Medienhafen .... B/C 8/9
Museum K 21 .... D 8
Museum KIT .... F 3
museum kunst palast .... D 6
NRW-Forum Kultur und Wirtschaft .... F/G 1
Opernhaus .... G 2
Palais Wittgenstein/Marionettentheater .... F/G 3
Radschlägerbrunnen .... F 2
Rathaus .... F 2
Ratinger Tor .... G 1
Rheinturm .... E 3
Sankt Lambertus .... F 1/2
Schauspielhaus .... E 7
Schloss Benrath .... B 13
Schlossturm mit Schifffahrtsmuseum .... F 2
Stadtmuseum .... F 3
Ständehaus .... D 8
Theatermuseum .... E 6
Tonhalle .... F/G 1

Albers und die Affen

Kunstwerke verstecken sich in Düsseldorf nicht immer hinter Museumstüren. Auch Straßen und Plätze sind voller Skulpturen. Eine Auswahl

1 Großmutter Erde, Sandro Antal, verzinktes Eisen, 1988
Auf der Hofgartenrampe brausen die Autos vorbei, daneben ruht die Natur in Form eines überwachsenen Bettgestells.

2 Ohne Titel, Karl Bobek, Stahl, 1988 Der Bildhauer kreierte drei Figuren, die auf den Eingang der Kunstakademie zuschreiten.

3 UV-A UV-B, Stefan Sous, div. Material, 2002
Die Leuchtbänke sind nur ein Beispiel der vielfältigen Kunstwerke, die sich im Hofgarten verteilen. Seit 1983 steht z.B. auch eine abstrakte Bronzeplastik von Henry Moore (1898-1986) im Grün.

4 Habakuk, Max Ernst, Bronze, 1971
Die Kunst beginnt nicht in, sondern vor der Kunsthalle: Mit einer Skulptur des berühmten Dadaisten und Surrealisten Max Ernst (1891-1976).

5 Monumento, Eduardo Chillida, Stahl, 1971
Die Stahlrohre des Dreischeibenhauses stammen von Thyssen, die Stahl-Skulptur davor vom baskischen Bildhauer Eduardo Chillida.

6 Affen, Jörg Immendorff, Bronze, 2002
Das GAP15 ist durch die drei „Monkey"-Restaurants nicht nur kulinarisch interessant. Hier tummelt sich auch ein über zwanzigköpfiges Rudel Immendorff-Affen. Mit Besen, Blume, klatschend oder auch auf dem Rücken liegend.

7 Tzaphon, Dani Karavan, Stahl, 1990
Den Kreis als wichtige Gestaltungsform des Landtags nimmt der israelische Künstler in seinem Werk vor dem Bau wieder auf. Ursprünglich war es als dampfender Ganzjahres-Brunnen gedacht. Nach vielen Diskussionen („zu energieaufwendig", „zu gefährlich") einigten sich die Verantwortlichen auf die heutige „Spar-Version".

8 Flossis, Rosalie, div. Material, 2002
Schon 1998 hatten die farbigen Figuren der Stuttgarter Künstlerin Rosalie in Düsseldorf einen Auftritt als Fassadenkletterer, damals am NRW-Forum. Seit 2002 krabbeln die eigenartigen Wesen dauerhaft in der Stadt umher.

9 Hans-Albers-Plastik, Jörg Immendorff, Bronze, 1985
Jörg Immendorff schenkte das Albers-Denkmal 1986 der Stadt Hamburg. Da aber der Standort, der Hans-Albers-Platz auf St. Pauli, nicht nach seinen Wünschen umgestaltet wurde, ließ er 1997 die Plastik kurzerhand wieder abtransportieren. Unterdessen existiert sie doppelt – der Original-Hans schaut auf den Düsseldorfer Hafen, ein Zweitguss seit 1999 auf die Hamburger Reeperbahn.

10 Platz der Medien, Günther Uecker, div. Mat., 1996
Der Professor und Künstler Günther Uecker gestaltete den Platz zusammen mit Thomas Beucker. Und musste sich einige Jahre später aufregen, weil statt Kies plötzlich Asphalt den Platz überzog. Die Analogie zum Flussbett war dahin. Die Empörung nutzte: Unterdessen liegt wieder Kies.

Freuen Sie sich auf das nächste Heft | Im Handel ab 25. Juni 2009

Lago Maggiore: Palmen und das cremigste Blau der Welt

Mittelalter-Zauber: die Burgen von Bellinzona

Augen auf: mit Mario Botta durchs Tessin

Tessin

Dolce Vita auf Schweizer Art

Hinter dem Gotthard liegt der südlichste Kanton der Schweiz – fast schon ein Stück Italien. Mediterrane Leichtigkeit trifft hier auf Schweizer Zuverlässigkeit, es locken mondäne Promenaden und einsame Pfade, sanfte Seen und raue Berge. Eine der ältesten Urlaubsregionen Europas – neu entdeckt

> Unterwegs im Bottaland: Der Stararchitekt zeigt seine Heimat

> Sushi statt Polenta: Wie ein deutscher Millionär Ascona aufmischt

> Leben wie in der Belle Époque: der Glanz der Grandhotels

> Springen, rutschen, tauchen: Canyoning im zerklüfteten Onsernone-Tal

Zuletzt erschienen:

Mai 2009

April 2009

März 2009

Februar 2009

Januar 2009

Dezember 2008